【文献学基本丛书·第一辑】

吴格 主编

张元济 著

校史随笔

复旦大学出版社

总　序

　　源远流长之中华文明,其声教文物及典章制度,历数千年而迄未中断,实赖于文献之记载与传承。晚近以来文化转型,传统文献以外,又加入外邦文化,中国文献学之畛域大为拓展。生于今世而身为文献学人,非仅知识储备应加宽加厚,研究能力尤须加精加细,然而盱衡中外,实际现状则未容乐观。现代学制及其课程之设置,培养目标以通用型人材为急务,专业学科人材之造就,则有待分阶段完成。置身科技日新时代,人文学科人材之培养本已不易,而文献学人材之造就尤觉其难。文献学之范畴甚广,昔人治史,素重史料、史学及史识,若以此指代文献学研究之内容、方法及观念,两者之内涵庶几相近。文献学作为人文、社科研究之基础学科,征文考献,乃为其根本宗旨。有志研习文史者,舍文献学训练而欲解读先民遗存之典籍,进而认识古代社会之生活及文化,自不免举步艰难,所视茫然,而郢书燕说,所在多有。因此常闻人言,对母语及故国文化之荒疏,已为今人之通病及软肋。

　　文献学研究无所不包,举凡先民创造所遗,莫不可为考释古今文化现象之材料。其内容虽以文字记载为主,亦包含实物文献;其文本以图书典籍为主,亦重视各类非书资料;其取材以本土文献为主,亦关照域外观念及古书。面对林林总总之史料,调查收集,编目整序，研读判断，整理保护，乃至深入揣摩，著书立说，门类既广，专题林立，终生投入，所获依然有限。利用科技信息技术之进步，当代学人虽拥有"穷四海于弹指，缩千里于一屏"之神通，便利远胜于昔人，但传统文献学之基本训练，如前人于目录、版本、校勘、文字、音韵、训诂诸学科之实践经验，仍不可不讲求并勤于借鉴。由识字断文、释读文本始，进而遍识群书，分析综合，加以拾遗补缺，考订遗文，又能删除枝蔓，探明本旨，至于体味古人语境，还原历史场景，应为从事文献研究之基本目标。

文献学训练与研究之主要对象，仍为传承至今之历代典籍。由基本典籍而衍生之各类著述，构成现存古代文献之大海汪洋，其中有关文献研究之专著，所示门径与方法，皆为古人遗惠后世之宝贵遗产。近代以来，文献学前辈董理国故，推陈出新，亦产生大批名家专著，足为今人研修之助。二十世纪至今之文献学名家专著，屡经重版之余，犹未餍读者之求。复旦大学出版社编辑同人有鉴于此，发起编辑"文献学基本丛书"，计划由近及远，选刊久已脍炙人口、至今犹可奉为治学圭臬之要籍，重版以飨读者。选本标准，一则立足于名家专著，选择体量适中、授人以渔，既便文献教学参考，又利于各地初学自修者；二则入选诸书，皆从其朔，尽可能择用初期版本，书重初刻，未必非考镜源流之一助焉。

岁甲辰仲夏古乌伤吴格谨识于复旦大学光华西楼

总 目

校史随笔 …………………………………………… 1

附录 ………………………………………………… 165

校史随笔

本书据商务印书馆民国二十七年(1938)排印本整理

目　录

序言 ·································· 傅增湘（13）
自序 ··（17）
史记 ··（19）
　三家旧注 ···································（19）
　三家注刻本 ·································（19）
　三家注覆刻本 ·······························（20）
　震泽王本之讹夺 ·····························（22）
　王本正义不全 ·······························（22）
　殿本正义多遗漏 ·····························（23）
　监本大删三家注 ·····························（23）
　谥法解应用两排读法 ·························（23）
汉书 ··（25）
　景祐本之由来 ·······························（25）
　景祐本之递嬗 ·······························（26）
　景祐本为见存最古善本 ·······················（27）
　颜师古叙例 ·································（27）
　文字增损均胜时本 ···························（28）
　钱大昕考异可信 ·····························（29）

古今人表……………………………………………（30）
　　正文注文错简………………………………………（30）
　　殿本从刘之问刊本出………………………………（31）
　　宋祁校语各本非捏造………………………………（32）
　　宋祁校语多可采……………………………………（32）
后汉书……………………………………………………（35）
　　绍兴监本……………………………………………（35）
　　避宋讳特严…………………………………………（35）
　　志不当夹入纪传间…………………………………（36）
　　刘昭注范书纪传不传注司马志独传………………（37）
　　注语入正文附传跳行均误…………………………（38）
　　刘攽所刊误字不误…………………………………（38）
　　蔡邕石经存毁之数…………………………………（41）
三国志……………………………………………………（43）
　　衢州本为上建本次之………………………………（43）
　　殿本卷第淆乱………………………………………（43）
　　三志单行本…………………………………………（43）
　　殿本考证讹字可信…………………………………（44）
　　时本讹文衍文夺字俗字均可矫正…………………（45）
　　古写本之异同………………………………………（48）
晋书………………………………………………………（51）
　　宋刊小字本有二……………………………………（51）
　　卢抱经校帝纪与宋本合……………………………（51）
　　袁甫郑方二传跳行未添题…………………………（54）

目录

宋书 …………………………………………（56）
    卷末疏语 ……………………………………（56）
    少帝纪史臣论犹有遗文 ……………………（56）
    蜀大字板在南宋时入浙 ……………………（57）
    武帝名均作讳字 ……………………………（57）
    殿本误注为正文 ……………………………（58）
    阙文不当臆补 ………………………………（58）

南齐书 ………………………………………（60）
    治平开板牒文 ………………………………（60）
    眉山重刊本 …………………………………（60）
    卷末疏语 ……………………………………（61）
    补阙二叶 ……………………………………（61）
    舌中血出 ……………………………………（63）
    地名脱误 ……………………………………（64）
    荀丕荀平 ……………………………………（64）

梁书 …………………………………………（65）
    卷末疏语 ……………………………………（65）
    宋本多墨丁空格 ……………………………（65）
    避唐讳诸字 …………………………………（66）
    王伟彭僑进土囊 ……………………………（67）
    宋本阙文 ……………………………………（68）

陈书 …………………………………………（69）
    避陈讳及唐讳 ………………………………（69）
    卷末疏语 ……………………………………（69）

大予太子 …………………………………………（70）
　　哥歌 ……………………………………………（70）
　　钱氏考异可信 …………………………………（71）
　　时本误补墨丁 …………………………………（71）
魏书 …………………………………………………（73）
　　宋本久湮 ………………………………………（73）
　　华阳叶氏藏宋本 ………………………………（73）
　　卷末疏语 ………………………………………（74）
　　宋本阙文较少 …………………………………（75）
　　殿本考证有误 …………………………………（75）
　　宋本亦有阙误 …………………………………（76）
　　司马进司马逊 …………………………………（76）
　　九磬九声 ………………………………………（77）
北齐书 ………………………………………………（78）
　　卷末疏语 ………………………………………（78）
　　汲古本阙叶 ……………………………………（78）
　　时本多讹字 ……………………………………（79）
　　因刊误而愈误 …………………………………（81）
　　与北史互有异同 ………………………………（83）
　　传次互异 ………………………………………（83）
　　睦眭之辨 ………………………………………（84）
　　殿本增补字句据北史 …………………………（84）
周书 …………………………………………………（87）
　　避周讳及唐讳 …………………………………（87）

卷末疏语 …………………………………（88）
　　阙文可补 …………………………………（88）
　　大皇后非太皇后 …………………………（89）
　　禅窟禅窟 …………………………………（89）
　　龟兹国传讹字 ……………………………（89）
　　明补本多讹字 ……………………………（90）
隋书 …………………………………………（91）
　　元大德九路刊本 …………………………（91）
　　监本讹字 …………………………………（91）
　　特勤特勒 …………………………………（94）
　　𪓿衣 ………………………………………（97）
南史 …………………………………………（98）
　　元刊序 ……………………………………（98）
　　写刊人名 …………………………………（99）
　　袁刘袁邓 …………………………………（99）
　　冶为系囚之所 ……………………………（100）
　　述职 ………………………………………（101）
　　太子仆非仆射 ……………………………（101）
　　齐武帝非梁武帝 …………………………（101）
　　方等传文字未蚀 …………………………（102）
北史 …………………………………………（103）
　　信州路刊本 ………………………………（103）
　　集庆路刊本 ………………………………（103）
　　多存古字 …………………………………（104）

金造远与象州逆均沿旧误 …………………… (107)

锡衰 …………………………………………… (107)

景午景子 ……………………………………… (108)

时本多阙文 …………………………………… (108)

旧唐书 …………………………………………… (110)

宋刻残本 ……………………………………… (110)

闻人诠刻本 …………………………………… (110)

宋刻明刻之异同 ……………………………… (111)

殿本无异重修 ………………………………… (112)

殿本阙文 ……………………………………… (113)

叛换 进旨 即目 条流 …………………… (114)

钱氏考异有异字 ……………………………… (115)

殿本订正错简有小误 ………………………… (116)

唐书 ……………………………………………… (118)

宋小字本 ……………………………………… (118)

南宋闽本 ……………………………………… (118)

时本阙文可补 ………………………………… (119)

何诘何止 ……………………………………… (119)

放命 …………………………………………… (120)

觷纸 …………………………………………… (120)

何国 …………………………………………… (120)

霜俭 …………………………………………… (120)

揶虎牢者秦王非窦建德 ……………………… (121)

皇甫政无杀侄事 ……………………………… (121)

目录

新罗王妃非淑氏 ················· (122)

殿本衍文 ····················· (122)

旧五代史 ···················· (123)

薛史遗迹 ····················· (123)

湮没之由 ····················· (123)

明清之际尚有存本 ················ (124)

歙县汪氏藏金刊本 ················ (125)

四库辑本 ····················· (126)

嘉业堂刘氏刊本胜于殿本及四库写本 ······· (127)

长洲章氏藏孔荭谷校邵氏稿本 ·········· (127)

清代忌讳字均删改 ················ (128)

五代史记 ···················· (132)

宋庆元刊本 ···················· (132)

宋刊别本 ····················· (132)

吴缜纂误所指此不误 ··············· (133)

吴兰庭纂误补所指此不误 ············· (134)

钱大昕考异所指此不误 ·············· (135)

王鸣盛商榷所指此不误 ·············· (136)

时本讹夺多可纠正 ················ (137)

宋史 ······················ (139)

元至正本 ····················· (139)

明成化本 ····················· (139)

成化本前后序 ··················· (140)

阙叶错简弥缝之谬 ················ (143)

田况传补阙一叶……………………………………………（144）

　　张栻传补阙一叶……………………………………………（145）

　　宗室世系表可补一叶………………………………………（146）

辽史………………………………………………………………（147）

　　元刊本疑非初刻……………………………………………（147）

　　元刻多讹字…………………………………………………（147）

　　损阙之字不当臆改…………………………………………（148）

　　句中疑字不当轻补…………………………………………（148）

　　钩鱼…………………………………………………………（149）

　　沩者…………………………………………………………（151）

金史………………………………………………………………（152）

　　元刊有三本…………………………………………………（152）

　　各本残缺可补………………………………………………（152）

　　施氏详校所据为后印本……………………………………（153）

　　大小字互易之商榷…………………………………………（154）

　　考异所指有误………………………………………………（154）

　　乌带传剜改遗迹……………………………………………（155）

元史………………………………………………………………（156）

　　前后开修两次………………………………………………（156）

　　宋濂续修后记………………………………………………（156）

　　进书表之误改………………………………………………（157）

　　殿本衍文……………………………………………………（158）

　　殿本错简……………………………………………………（159）

　　殿本阙文……………………………………………………（159）

殿本改译剜刻原书 …………………………………… （160）
改译口语为文言 ……………………………………… （160）
重出之传殿本未删尽 ………………………………… （162）
明史 ……………………………………………………… （163）
乾隆殿板有修改本 …………………………………… （163）
王氏补辑考证 ………………………………………… （164）

序　言

岁在辛未，上海涵芬楼汇集宋元古本及明椠旧钞，影印《二十四史》，至丁丑岁而讫功。盖自乾隆武英殿敕刊之始，洎同治五局合刻以来，括举全史而整齐之，竟克奏无前之伟绩。然其间厉精焠掌，始终不懈以底于成者，实前辈张君菊生一人之力也。君自刊印伊始，即独任校勘之役。每一史成，辄缀跋文于后，胪版刻之源流，举文字之同异，恒与前贤相发明，或引今时之创获。其致力之精能，记问之赅博，海内人士披观而服习之久矣。间尝语君，书成之后，宜仿子晋《题跋》、荛圃《书录》之例，取诸跋勒为一编，以饷学者。其校记稿本亟宜刊布，以竟全功。未几，以《校史随笔》来，谓全稿纷繁，董理有待，兹撮其领要，萃为此编，属为序而行之。

窃惟史籍浩繁，号为难治。近代鸿著，无如王氏《商榷》、钱氏《考异》、赵氏《劄记》。三君皆当代硕儒，竭毕生之力以成此书。其考辨精深，征引翔实，足为读史之津寄。然于疑、误、夺、失之处，或取证本书，或旁稽他籍，咸能推断，以识其乖违，终难奋笔以显为刊正，则以未获多见旧本，无所取证也。第旧本难致，自昔已然。钱氏晓徵博极群书，然观其《旧唐书考异》，言关内道地理于今本多所致疑，似于闻人诠本未全寓目。明刻如此，遑论宋、元。更以近事言之：合州张石卿亦吾蜀好学之士，尝侈言欲重勘全史，持书遍谒胜流。共和之初,遇之海上,告以欲校古书,宜先求善本,否则劳而鲜获,壮志难酬。石卿不喻斯旨,矻矻廿年,取材之书不越殿本、局刊,再上汲古、北监而止。年逾七十,于迁《史》始见震泽王氏本。身后以遗稿见托,则疏失孔多,未堪问世。追惟往事,深足矜怜。可知校勘之事,良未易言。博求广览,得所据依,斯可循流以溯源,庶免冥途而暗索也。今观《随笔》所载,凡一百六十四则,视原稿当不及十之一,而博识雅裁,洪纤毕举。凡所疑窒,悉为疏通而证明;遇有舛讹,得以随文而匡正。至于逸文、夺叶,亦皆援据众本,广采旁搜,期于信今而传后。其诣力所到,时与王、钱诸人之说互相阐发,而精审且或过之。盖君所采获者,皆前人未见之书。故其论定者,多千古未发之覆。阅之关开节解,如薙丛棘而履康庄,拨雾翳而睹晴昊。其开示后人之功夫岂细哉。昔王氏序《商榷》,有言曰:"予任其劳而使人受其逸,予居其难而使人乐其易,不亦善乎。"今兹编既出,世之读史者固已受其逸,乐其易矣。岂知其难且劳者至如是耶?

当创议之初,或疑古本传世日稀,诸史颇难求备,且卷帙繁重,沿袭滋纷。造端既闳,杀青匪易。君独奋厉图维,引为己责。招延同志,驰书四出。又复舟车远迈,周历江海、大都,北上燕京,东抵日本,所至官私库藏,列肆冷摊,靡不恣意览阅。耳目闻见,籍记于册。海内故家,闻风景附,咸出箧藏,助成盛举。于是广罗众本,拔取殊尤,远者写仿以归,近者投舣见假,而编排待定,端绪至纷。宋刻旧少完编,则别征残卷;秘籍世不再出,则取资覆刊。一史而同备数刻,必录其古者;无刻而兼用传钞,必选其精者。或合并异刻,乃完一书;或续获初镌,而弃前帙。凡此甄择之功,皆再三矜审而始定。举其大较言之，如黄氏《史记》，遍访之诸家，卷第粗完；《三国志》远求之海外，二志始备；《晋》、《唐》两书，皆密行细字，或阙或残，嗣获别本同式，可云巧合；至《旧唐》宋刊，取之瞿氏；《宋史》元刊，得之内阁，推为断种孤籍。此外片楮不存，一则续以沈本，一则续以朱本，牵补经营，强弥缺憾。若薛《史》原书，悬购国门而不得；《周书》蜀本，猝遭劫火而竟亡。此则补救无方，徒悬梦想而已。此成书之难，非尽人能喻者也。若夫检正编帙，浩博无涯。今既取精而用宏，加之实事以求是。凡觏古刊，取正官本，旁参众刻，广核群书。芟乱截浮之文，殆再仆而难数。聊就所见，举其大凡：如校《史记》而知《正义》、《集解》之文遗佚正多；校《汉书》而知刘之问引宋祁之语要可取信；校《晋书》则知卢氏《校补》率与相符；校《金史》则知施氏《详校》尚有未尽；校《五代史》益知吴氏《纂误》、王氏《商榷》，咸以未睹庆元曾本，横生纠摘。兹根据既确，斯榛梗悉除。又列史旧多阙文，今得宋、元初本，补《南齐·地志》、《列传》二叶，《宋史》张栻、田况《传》二叶，而夺行衍文，更难偻指。若夫片语单词，形音易舛，而一字偶失，千里遂差。如《南齐·纪》"口中出血"，展转误作"舌"、"言"；《梁书·纪》"僛进土囊"，同逆乃遗王伟。罪状出入，得此究明。"鸼衣"为隋后采桑之服，今作"鸼衣"者皆诬；"钩鱼"为辽主游畋之礼，今作"钓鱼"者大失。获此孤证，幸存典章。至《魏书》"九磬之舞"，《北史》"锡衰之服"，《辽史》"汋者之人"，皆引证《周官》，以纠正时本。凡此斠余之琐语，足备前代之遗闻。设令不予标称，遂恐长兹湮灭。然非雠黄万卷，穿穴群言，又何以臻此？此校史之劳，非旦夕可几者也。

嗟夫，文籍显晦，要有数存；盛业聿兴，亦关人力。当乾隆之世，文治修明，才俊蔚起，殿阁刊书，宜可勒垂定本，而流传及今，尚多遗议。逮夫咸、同以后，各省疆臣乃广开书局，宾礼耆儒，而全史重刊未为精善，留此鸿功，俟诸今日。君乃乘时而起，肩斯钜任。适会世运日新，禁网大弛，上而天府之珍储，下而世家之秘库，西洎于流沙，东极于蓬岛，地不爱宝，奇书尽出。加以欧风东被，艺术精奇，毫素之用蜕以化工，欹劂之劳易以石墨。此皆前世所未经，而于今为极盛。君乘此机械，恢张文运，奋其伟力，运以精思，计日程功，昕夕忘倦，中更祸乱，茹苦支持，不越十年，而煌煌数万叶钜编，传播于海寓内外。兹更出其绪余，刊此校笔，如开万宝之库，倾龙宫之藏，片玉零珠，皆为瑰异，洵乙部之总龟，非仅丹铅之余录也。自维学殖荒落，垂老无成，只以嗜古耽书，与君气谊相合，投分遂深。忆刊史之初，引共谋议。参订版本，相与访寻。并尽出家世藏书，如宋刻则有《史记》、《魏书》、《南齐书》、《唐书》、《五代史》；元刻则有《辽》、《金》、《北》史。虽缺完不一，而罕异为多。乐在观成，未容秘惜。第惭疏谫，无所裨助。君乃殷勤商讨，笺札时通。每撰一文，辄千里邮示。遇有疑滞，时获新解，亦举相质正。余惟拾坠补遗，聊抒一得而已。尝闻摹印初稿，悉经手勘，三四未已。偶以数卷见投，观之朱墨灿然，盈阑溢幅，密若点蝇，萦如赤练，点画纤细，钩勒不遗。知君坚毅劬苦，迥越恒人，遂能成兹伟著。故于是书之成也，敢述经始之难，与图成之劳，表君生平志事，以告当世，而余亦藉以附名简末，其为幸不既多乎。

戊寅腊月十八日，江安傅增湘。

自 序

曩余读王光禄《十七史商榷》、钱宫詹《廿二史考异》，颇疑今本正史之不可信。会禁网既弛，异书时出，因发重校正史之愿。闻有旧本，展转请托，就地摄影。影本既成，随读随校。有可疑者，辄录存之。每毕一史，即摘要以书于后。商务印书馆既复印旧本行世，先后八载，中经兵燹，幸观厥成。余始终其事，与同人共成《校勘记》百数十册。文字繁冗，亟待董理。际兹世变，异日能续印否，殊未敢言。友人傅沅叔贻书，属先以诸史后跋别行。余重违其意，取阅原稿，语较详尽，更摘如干条，用活字集印，备读史者之参证。管蠡所及，讵敢望王、钱二子之什一，亦聊师其意而已。

民国纪元二十有七年九月，海盐张元济。

史 记

三家旧注

《史记》旧注,今存者三家:曰《集解》,宋中郎外兵曹参军闻喜裴骃撰;曰《索隐》,唐朝散大夫国子博士弘文馆学士河内司马贞撰;曰《正义》,唐诸王侍读宣义郎守右清道率府长史张守节撰。其始皆别自单行。《隋书·经籍志》、《旧唐书·经籍志》、《新唐书·艺文志》,《集解》均八十卷;《新唐·志》,《索隐》三十卷、《正义》三十卷。两书自序所述卷数同。《宋史·艺文志》,裴骃等《集注》已改为一百三十卷。《集注》当即《集解》,故王鸣盛《十七史商榷》谓:"以一篇为一卷,疑始于宋。"毛晋得宋刻《索隐》,覆刻行世,犹是三十卷之旧。独《正义》三十卷原本不可得见矣。

三家注刻本

就余所见,并征诸各藏家书目,《集解》单行者有宋淳化十行十九字本,有绍兴朱中奉十二行二十二字本,有淮南路九行十六、七字本,有十四行二十四至二十八字本,有十四行二十七至二十九字本,有九行十六字蜀大字本。凡此皆宋刻也。

其《集解》、《索隐》并刻者，有宋乾道蔡梦弼十二行二十二字本，有淳熙耿秉十二行二十三字本，有宋刻十二行二十五字无述赞本，有蒙古中统十四行二十五字本。明游明本即从中统本出。

其三注俱全者，宋刻有黄善夫本。首《集解》序，次《补史记》序，次《索隐》序、《索隐》后序，次《正义》序，次《正义论例谥法解》，次目录。《集解》序后有"建安黄善夫刊于家塾之敬室"木记二行，目录后有"建安黄氏刻梓"木记一方。半叶十行，每行二十字。小注二十三字。前有《三皇本纪》。老、庄二传，已升在《伯夷传》前。注云"依《正义》本"，然目录却未改。无刊板年月。宋讳避至光宗嫌名，当刊于绍熙之世。此本未见我国著录，惟日本涩江全善森立之《经籍访古志》载之。余为涵芬楼在京师收得半部，亦由日本来者。尚有安成郡彭寅翁刊本，亦三注俱全。半叶十行二十一字，小注同。不著年月。验其板式，为元刊本。

三家注覆刻本

明本三注合刻，为世所习见者。

一、金台汪谅本　莆田柯维熊校正。前有嘉靖四年九月费懋中序，谓："司马迁《史记》，近时苦乏善本。虽陕西有翻刻宋板本，江南有白鹿书院新刻本，差强人意，然弗可辄得。"又云："白鹿本无《正义》，陕西虽有之，而《封禅》、《河渠》、《平准》三书均缺焉。此未详何本。"柯君悉为增入。柯氏有后跋，撰于嘉靖六年丁亥上元日。

二、震泽王延喆本　《索隐》后序末有木记七行。其文云："延喆不敏，尝闻先文恪公曰：'《国语》、《左传》，经之翼也；迁《史》、班

《书》,史之良也。'今吴中刻《左传》,郢中刻《国语》,闽中刻《汉书》,而《史记》尚未版行。延喆因取旧藏宋刊《史记》,重加校雠,刻于家塾,与三书并行。始嘉靖乙酉腊月,迄丁亥之三月。林屋山人王延喆识于七十二峰深处。"按乙酉为嘉靖四年。柯本成于丁亥正月,此成于三月,相去仅两月耳。《集解》序后有"震泽王氏刻于恩褒四世之堂"木记,目录后有"震泽王氏刻梓"木记。

三、秦藩本 有嘉靖十三年秦藩鉴抑道人序,又有嘉靖庚戌秦藩允中道人修板序。序谓:"叔考定王得苏本刻之,是又从震泽王氏本出也。"鉴抑为定王惟焯,允中即惟焯嗣子怀埢。按庚戌为嘉靖二十九年。

右三本,柯本最早,王本次之,秦藩本最后。行款均与黄善夫本相同。同此一书,不及十年,而翻刻者三,亦异事也。

近又见一明刻,行款版幅与黄本同。前有正德十二年丁丑闽中廖铠序,大旨谓"中统以后,翻刻者甚少。搜采十余年,始获斯本。乙亥冬,随侍出镇关西,遂谋于梓。但有《纪》、《志》、《表》、《传》而无八《书》,补以缙绅所藏。讹文已甚,脱简弥滋。参眡群册,始获苟完。自丙子三月至此,逾岁刻成"云云。原书本有补配,故目录行款略异。卷首无诸家序言及《正义论例谥法解》,当系遗佚而非原缺。揆其成书之日,早于金台汪氏、震泽王氏者八年。是则翻刻之本,当以此为较早,惜甚罕见耳。

天禄琳琅宋本《史记》三注合刻者,所谓元祐时絜张来校本及嘉定六年万卷楼本,经近人勘定皆伪造,不足论。独一本《索隐》后序有"绍兴三年四月十二日右修职郎充提举茶盐司干办公事石公宪发刊至四年十月二十日毕工"印记。钱警石《甘泉乡人稿》谓:

"书佑持柯本来,《索隐》序后亦有此三十八字,凡三行。"并定为柯本从绍兴本翻刻。钱氏之言当可信。然何以与黄善夫本行款全同?岂黄本亦从石本出乎?天禄琳琅藏本今已不存。余所见柯本亦均未有此印记,可勿论矣。

震泽王本之讹夺

震泽王氏用黄善夫本覆刻,宜必一一吻合矣,而抑知不然。

《孝武本纪》"盖若兽为符"句注"晋灼曰盖"字下,脱"辞也或曰符谓瑞应也"九字,误增"是甘泉更"四字。湖北翻刻本已改正。

《宋微子世家》"子悼公购由立"句下,脱"年表云四十九年《索隐》曰购音古候反悼公八年卒《索隐》曰纪年为十八年子休公田立休公田二十三年卒子辟公辟兵立"大字二十、小字二十四。湖北翻刻本已补。

《孟尝君列传》"天下之游士凭轼结靷东入齐者"句下,脱"无不欲强齐而弱秦者凭轼结靷西入秦者"十七字。湖北翻刻本仍未补。

《信陵君列传》"以公子之高义为能急人之困"句下,脱"今邯郸旦暮降秦而魏救不至安在公子能急人之困"二十一字。湖北翻刻本已补。

王本正义不全

王本《周本纪》"虏襃姒尽取周赂而去"句下,脱《正义》二十六字;《孝武本纪》"其北治大池渐台"句下,脱二十五字;《律书》"律中仲吕"句下,脱二十二字;"北至于参"句下,脱四字;"即天地二十八宿"句下,脱五十八字;"十母"句下,脱十字;"十二子"句下,脱十二字;《甘茂列传》"自骰塞及至鬼谷"句下,脱十字;《信陵君列传》"赵王田猎耳非为寇也"句下,脱四字;《范雎列传》"譬如木之有蠹也"句下,脱五字。余疑王氏所得宋本,必有残佚,不得已以他本配之,故视黄氏原本有所不同。

殿本正义多遗漏

《四库总目》谓:"明代监本《正义》多所删节。"因历举所遗者六十五条,且云:"其一两字之出入,殆千有余条,不可毛举。使非震泽王本俱存,无由知监本之妄删。"然以王本校之,殿本《正义》全脱者尚有五十二条,不全者四十二条。馆臣既知《正义》独赖王本之存,何以不悉数采录?殊不可解。

监本大删三家注

以监本校黄善夫本,《集解》全删者四百九十九条,节删者三十五条;《索隐》全删者六百一十三条,节删者一百二十二条;以《正义》为尤多,全删八百三十七条,节删一百五十七条。

谥法解应用两排读法

卢抱经云"古书两重排列者,皆先将上一列顺次排讫,而后始及于下一重。自后人误以一上一下读之,至改两重为一列,亦依今人所读,而大失乎本来之次第矣。《史记正义》所载《谥法解》,亦本是两重改为一列,又多间杂,亦当移正"云云。黄本是篇讹误,正如所言。今试举数条以证明之,余可类推。

  民无能名神

  一德不懈简

  靖民则法皇

  平易不訾简

  德象天地帝

  尊贤贵义恭

  仁义所往王

  敬事供上恭

  立志及众公

  尊贤敬让恭

  执应八方侯

  既过能改恭

如分为两重读之,则上列为"神皇帝王公侯",下列为"简简恭恭恭恭",便觉次序井然矣。

汉 书

景祐本之由来

叶梦得《石林燕语》曰："五代时冯道奏请，始官镂六经板印行。国朝淳化中，复以《史记》，前、后《汉》付有司摹印。自是书籍刊镂者益多。"《宋史·余靖传》："建言班固《汉书》舛谬，命与王洙并校司马迁、范晔二史，书奏，擢集贤校理。"是本卷末亦载余靖上言："国子监所印两《汉书》，文字舛讹，恐误后学，臣谨参括众本，旁据他书，列而辨之，望行刊正。"诏送翰林学士张观详定闻奏，又命国子监直讲王洙，与靖偕赴崇文院雠对。两《汉》既系同校，则刊刻亦必同时。陈仲鱼跋大德本《后汉书》，谓"卷末云'右奉淳化五年七月二十五日敕重刊正'，后有景祐元年九月秘书丞余靖上言，版心有'大德九年刊补'，盖景祐所刊淳化本而元时重刊者"云云。范《书》既以淳化覆刊，班《书》自必同所自出。是本虽无奉淳化敕语，然卷末有"班固《前汉书》凡百篇，总一百二十卷，十二《帝纪》一十三卷，八《表》一十卷，十《志》一十八卷，七十《列传》七十九卷"三行，适在本叶之尾。此下一叶，或即载此文字，偶被遗佚，亦未可知。

景祐本之递嬗

《汉书》由景祐出者：一，宋福唐本。丁氏《藏书志》云："宋讳有缺笔，版心注'大德至大元祐元统补刊'。"明天顺五年镇守福建都知监少监栝苍冯让重修跋云："福庠书集，板刻年深，询知模糊残缺过半，不便观览，心独恻然，鸠工市版补刻。"等语。二，元大德本。黄荛圃跋《后汉书》，谓："景祐至大德，大德至弘治递为修补。"而陈仲鱼则以为"元时重刊，两《汉》往往同刻，自可以此例彼。"是本所配《沟洫》、《艺文》二志，亦均大德八年刊及至大、延祐、元统补刻，虽无景祐原本一叶在内，而实为其所出，可断言也。三，明正统本。荛圃言："建安刘原起本，又有一大字，皆名为宋，而实则不及元、明刊本。惟正统本最称善，以所以出为淳化本也。"以上诸本皆半叶十行二十九字，小字二十五至二十八字，与是本全同。覆刻且为世重，此为原刻，其声价不更增乎！是本《礼乐志》末有"学生席珍斋谕何霆校勘"一行，《五行志》中末有"对勘官左通直郎知福州长乐县主管劝农公事刘希亮"一行。学生斋谕均厕身庠中，对勘者又服官福州，于福唐本当有关系。

宋时刊本，尚有绍兴蜀大字本，半叶九行二十六字；淳熙湖北茶盐司本，半叶十四行二十七字；庆元建安刘之问即上文之刘原起本，半叶十行十八字；嘉定建安蔡琪本，半叶八行十六字。行款不同，皆与是本无涉。

景祐本为见存最古善本

《宋会要》,"咸平中真宗命刁衎、晁迥与丁逊覆校两《汉书》板本。"景德二年七月,衎等上言:"博访群书,遍观诸本,校定凡三百四十九条,签正三千余字,录为六卷以进。"景祐元年余靖请刊正者,既云"参括众本",当必有景德本在内。至二年九月校毕,又增七百四十一字,损二百一十二字,改正一千三百三字。一校再校,自不能不推为善本。

颜师古叙例

景祐本每卷卷首次行,题"秘书监上护军琅琊郡开国子颜师古注"。刘之问本、蔡琪本均作"集注",瞿木夫以有"集"字为是。余意不然。晁《志》谓:"唐太宗子承乾令颜师古考众说为之注。"陈《录》亦云:"师古总先儒注解服虔、应劭而下二十余人,删繁补略,裁以己说,遂成一家。然则师古虽集众人之说,而实一家之言也。"是本不附师古叙例,汲古阁刊本亦同。王鸣盛极斥其非。按是本卷末,有"引颜师古叙例"云云,是原未附刊,而实非遗漏也。

附记《先儒注解名姓》,于荀悦、伏虔、应劭、伏俨、刘德、郑氏、李斐、李奇、邓展、文颖、张揖、苏林、张晏、如淳、孟康、瓒昭他本均作"项昭"、韦昭、晋灼、刘宝、臣瓒、郭璞、蔡谟、崔浩之后,又增入颜籀之名。然亦仅二十四人。原文称"可见者二十五人"。王鸣盛谓:"《艺文志》张良、贾谊、司马相如、东方朔、扬雄等传,各有臣佖附校一段。"则张似自当补入，人数并无欠缺。

文字增损均胜时本

齐召南跋殿本谓："明人旧板，于颜注所引二十三家之说，十删其五。"又谓："奉敕校刊，于是书又加详慎。遍搜馆阁所藏数十种及李光地、何焯所校，再三雠对。凡监本脱漏，并据庆元旧本补缺订讹，正其舛谬，稍还古人之旧。"云云。是殿本宜若无所遗佚矣。然以景祐本勘之，凡漏载颜氏及诸家注释，仍复不少。即《外戚传》卷首一叶中，其失去颜氏之注，已有四百十一字，他可见矣。然本书正文，反有见于殿本而为是本所无者。如：

《高纪》，十二年，"吕后迎良医医入见上问医曰疾可治"下，有"不医曰可治"五字。是本无。

《元纪》，永光元年，"赐吏六百石以上爵五大夫勤事吏二级"下，有"为父后者"四字。是本无。

《司马相如传》，"其卒章归之于节俭因以风谏"下，有"奏之天子天子大说"八字。是本无。

又，"云梦者方九百里其中有山焉其山则盘纡茀郁"下，有"隆崇律崒"四字。是本无。

《京房传》，"春秋所记灾异尽备陛下视今为治邪乱邪"下，有"上曰亦极乱耳尚何道房曰今"十二字。是本"治邪乱邪"下直接"所任用者谁与"句，并无中间之十二字。

不知者必以此为宋本之玷。宋本固不能无所讹误，然以上数则增出之字，均为后人妄加。王念孙曾遍引他书为之证明。

钱大昕考异可信

钱大昕撰《廿二史考异》亦未获见是本。证之如下：

《哀帝纪》，"元寿二年春正月"，"'元寿'二字衍文"。是本原无"元寿"二字。

《古今人表》，廖叔安上中，"师古曰：《左氏传》作'戮'，《左传》作'飂'。'此云'戮'，误。"是本原云："《左氏传》作'飂'。"

《律历志》一下，"求八节加大余四十五小余千一百"，"林文炳曰：'当作"小余千一十"。'林说是。"是本原作"千一十"。

《张耳传》，"东井者秦分也先至必亡"，"'亡'字疑误。"是本作"必王"，不作"必亡"。

《枚乘传》，"凡可读者不二十篇"，"'不'当作'百'。枚皋赋百二十篇。"是本"不"原作"百"。

《韩安国传》，"梁城安人也"，"按《地理志》，成安县属陈留郡，本梁地，武帝始置为郡。故史系之梁耳。'城'当作'成'。"是本"城"原作"成"。

《佞幸传》，"后姊孅为龙雒思侯夫人"，"'雒'当作'頟'。韩宝嗣父增为龙頟侯，谥曰思。"是本"雒"原作"頟"。

《叙传》上，"思有短褐之亵"，"'短'当作'裋'。《说文》'裋竖使布长襦'，《贡禹》、《货殖传》均有'裋褐不完'之语。"是本"短"原作"裋"。

古今人表

班氏曰:"桀、纣可与为恶,不可与为善,是谓下愚。"今纣在九等而桀乃在八等。张晏注:"田单、鲁连、蔺子在第五。"今田单乃在四等,鲁仲连、蔺相如乃在二等。寺人孟子在第三,今乃在四等。嫪毐在第七,今失名。刘知幾谓:"晋文臣佐舟之侨在三等,阳处父在四等,士会在五等,燕之宾客高渐离在五等,荆轲在六等,秦武阳在七等。"又谓:"邓侯入下愚之上,即第七等,三甥列中庸下流,皆在第六等。"今阳处父乃在三等,士会、高渐离均在四等,荆轲、三甥均在五等,秦武阳、邓侯均在六等。此钱大昕谓"后人妄以己见升降出入,或转写讹舛,失其本真者也"。惟唐人以老子升入上圣,此则仍在四等,犹是班氏原本之旧。

正文注文错简

《李广利传》有错简正文六十九字,注文二十八字。景祐本与监本、汲古本、殿本均同,盖沿误久矣。王念孙《读书杂志》依《史记·大宛传》改正如下:

景祐本	王氏改正
围其城攻之四十余日宛贵人谋曰王母寡匿善马杀汉使师古曰宛母寡宛王名今杀王而出善马汉兵宜解即不洒力战而死未晚也宛	围其城攻之四十余日其外城坏虏宛贵人勇将煎靡师古曰宛之贵人为将而勇者名煎靡也煎音子延反宛大恐走入中城相与谋

贵人皆以为然共杀王其外城坏虏宛贵人勇将煎靡师古曰宛之贵人为将而勇者名煎靡也煎音子延反宛大恐走入城中相与谋曰汉所为攻宛以王母寡持其头遗人使贰师	曰汉所为攻宛以王母寡匿善马杀汉使师古曰母寡宛王名今杀王而出善马汉兵宜解即不逌力战而死未晚也宛贵人皆以为然共杀王持其头遣人使贰师

原文文义不顺。察其字体,并无顾千里所谓补版及剜损之迹。盖原本如此,岂余靖等未曾刊正耶?

殿本从刘之问刊本出

建安刘之问王鸣盛《十七史商榷》、吴骞《愚谷文存》、杨绍和《楹书隅录》均作"之同",瞿氏《铁琴铜剑楼藏书志》作"之问",顾广圻《百宋一廛赋》及注均作"问"。惟明监本王先谦《汉书补注》作"之问"。余见初印宋本,实作"之问"。庆元初刊《汉书》,其自跋称得宋景文公所校善本凡十五家。即一,古本;二,唐本;三,江南本;四,舍人院本原注"江南本在舍人院,亦曰舍人院本。"一本二目,故并称之;五,淳化本;六,景德监本;七,景祐刊误本;八,我公本;九,燕国本;十,曹大家本;十一,阳夏公本;十二,晏本;十三,郭本;十四,姚本;十五,浙本;十六,闽本。又有名儒议论,凡景文所附者,悉从附入,以圈间之。又自景文校本之外,复得十四家善本。即一,熙宁本;二,卷子古本;三,史馆本;四,国子监本;五,陈和叔本;六,邵文伯本;七,谢克念本;八,杨伯时本;九,李彦中本;十,张集贤本;十一,王性之本;十二,赵德庄本;十三,沈公雅本;十四,王宣子本。逐一雠对,亦可以谓之不苟矣。明监本即据刘本覆刻,然脱漏甚多。

齐召南跋殿本,谓:"据庆元旧本补缺订讹,正其舛谬,以付开雕。"又卷一上考证云:"监本脱宋祁一段。今从宋本。凡三刘刊误宋祁、朱子诸说,别以一圈,脱者俱补。"是殿本悉出之问刊本,可无疑义。

宋祁校语各本非捏造

《鲒埼亭集外编》有《辨宋祁〈汉书〉校本》一篇,谓:"宋槧《汉书》,引之甚备。细阅之,乃知非景文之书。南渡末年,麻沙坊中不学之徒依论为之。"又历举可疑者五端以伸其说。宋祁校语,诚有可疵议者。后人依托,事或不免。然谢山竟谓:"所引南本、浙本、越本、邵本为信口捏造。"则未免过甚其词。按景祐元年,余靖上言,有"参括众本"之语。《崇文总目》亦云:"宋祁、余靖等雠对三史,悉取三馆诸本以相参校。"此所谓南本、浙本、越本、邵本,安知不即在众本诸本之中?又《宋景文笔记》涉及《汉书》者,亦有江南本、官本、韦本、北本之言。叶梦得《石林燕语》亦云:"余在许昌得宋景文用监本手校《西汉》一部,末题'用十三本校'。中间有脱两行者。"凡此皆可为宋氏辨证者也。

宋祁校语多可采

高邮王念孙精于雠勘。其校《汉书》,往往引宋祁校语纠正时本,且均与是本合。今历举如左:

《高纪》,十二年,"上问医曰疾可治不医曰可治",是本无"不医曰可治"五字,与宋祁所谓旧本、越本合。

《武纪》，征和三年，"丞相屈氂下狱要斩妻子枭首"，是本无"子"字，与所谓旧本合。

《元纪》，永光元年，"赐吏六百石以上爵五大夫勤事吏二级为父后者民一级"，是本无"为父后者"四字，与所谓越本合。

《礼乐志》，"四时舞者孝文所作以明示天下之安和也"，是本无"明"字，与所谓邵本合。

《郊祀志》，"上以牡荆画幡日月北斗登龙以象大一三星为泰一锋旗"，是本无"旗"字，与所谓越本、新本合。

又"作二十五弦及空侯瑟自此起"，是本"空"作"坎"，与所谓邵本合。

又"遂至东莱东莱宿留之"，是本不叠"东莱"二字，与所谓淳化本合。

《地理志》上，桂阳郡，"桂阳汇水南至四会入郁林"。是本无"林"字，与所谓景本合。

《王陵传》，"平日各有主者"，是本无"各"字；《郦商传》，"得丞相守相大将军各一人小将军二人"，是本无二"军"字；《周昌传》，"于是苛昌自卒史从沛公"，是本"自"作"以"。以上三条，皆与所谓越本合。

《任敖传》，"苍尤好书无所不观无所不通而尤邃律历"，是本"尤好"作"凡好"，与所谓学官本合。

《申屠嘉传》，"其见宠如是"，是本无"见"字，与所谓越本合。

《晁错传》，"前击后解与金鼓之音相失"，是本"音"作"指"，与所谓学官本、越本合。

《郑当时传》，"客至亡贵贱亡留门下者"，是本无"下"字，与所谓邵本合。

《枚乘传》，"此愚臣之所以为大王惑也"。是本无"以为"、"王"三字，与所谓景德本合。

又"上书北阙自陈枚乘之子上得之大喜"，是本无"之"字；《霍去病传》，"元狩三年春为票骑将军"，是本"三年"作"二年"。以上二条，皆与所谓越本合。

《公孙敖附传》，"以将军出北地后票骑失期"，是本无"失"字，与所谓景德本合。

《司马相如传》，《子虚赋》，"其山则盘纡弗郁隆崇律崒"，是本无"隆崇律崒"四字；又《谕告巴蜀民檄》，"今奉币使至南夷"，是本"使"作"役"；《司马迁传》，"及如左邱明无目孙子断足"，是本无"明"字；《武五子燕刺王旦传》，"是时天雨虹下属宫中饮井水井水泉竭"，是本无"泉"字；《严助传》，"留军屯守空地旷日持久"，是本"持"作"引"。以上五条，皆与所谓越本合。

《匡衡传》，"贤者在位能者在职"，是本"在职"作"布职"，与所谓越本、别本合。

《孔光传》，"故霸还长安子福名数于鲁奉夫子祀"，是本无"安"字，与所谓浙本合。

《南粤传》，"大后怒钛嘉以矛"，是本"钛"上有"欲"字，与所谓别本合。

《叙传》下，"后昆承平亦有绍土"，是本作"亦犹有绍"，与所谓监本、浙本、越本合。

此皆时本误，而景祐本不误，宋祁所举各本亦不误者。又安可一笔抹杀也。

后 汉 书

绍兴监本

范《书》世存宋本尚不少。钱泰吉校是书时所见者，有义门校《本纪》第三至九卷之残宋本，校《律历》至《礼仪志》之北宋小字残本，校《郡国志》第十九至二十二卷之宋一经堂本，小山校《蔡邕传》之钞补北宋本，校第九十卷之淳化校定本及麻沙刘仲立本。近时常熟瞿氏、聊城杨氏、德化李氏、乌程刘氏，亦均藏有宋刻，然无一与此合者。惟北平图书馆及日本静嘉堂文库各有残本，行款相同，然彼多系后来补刻。李心传《建炎以来朝野杂记》云："绍兴末年，张彦实待制为尚书郎，始请下诸道州学取旧监本书籍镂板颁行。从之，然所取者多有残缺，故胄监刊六经无《礼记》，正史无《汉书》。二十一年五月，辅臣复以为言。上谓秦益公曰：'监中其他阙书，亦令次第镂板。虽重有费，不惜也。'"观此知当时剞劂，颇极郑重。是书校印较精，疑即彼时所刊监本。

避宋讳特严

余见宋刊本多矣。所避宋讳，罕有如是之谨严者。圣祖讳有玄、玹、絃、縣、縣、懸、懸、朗、朗等字；僖祖有朓字；翼祖有敬、儆、擎、警、章、镜、竟等字；宣祖有弘、泓等字；太祖有匡、匚、筐、恇、恇、洭、倠、俇、胤、胄、胤、靷等字；太宗有颎、颎字；真宗有恒字；仁宗有祯、祯、桢、柽、侦、侦、湞、貞、贞、徵、懲等字；濮安懿王有譂、犀、稹等字；神宗有顼、顼、昂、旭、畜、署、署、曙、樹、澍、豎、賢、竖、肾、竖等字；哲宗有煦、煦、煦、煦、栩等字；钦字有桓、垣、苣、宁、丸、紈、洰、苣、箜等字；高宗有構、構、構、搆、搆、搆、煵、購、購、購、購、遘、遘、遘、穀、縠、雛、隹、雛、鸲、垢、訽等字。桓字或作渊圣御名，構字或作今上御名。此二字亦有缺末笔者，大都就四小字原格剜改，且有多处剜而未补，遂留空格。是知刊版在南宋初年，而竣工之时，已在孝宗受禅之后。故瑗、玮、慎三字亦兼避也。又真宗大中祥符七年，禁文字斥用黄帝名号。是本"轩辕"二字亦缺末笔。此则他书甚罕见者。

志不当夹入纪传间

《志》三十卷，为司马彪所撰。其先本自单行。《崇文总目》、《郡斋读书志》均作《后汉书》九十卷、《志》三十卷。《直斋书录解题》亦云："《后汉书》九十卷、《后汉志》三十卷。"其与《纪》、《传》合刊者，始于孙奭之奏请。洪迈《容斋四笔》"淳化五年监中所刊《后汉书》凡九十卷，惟《帝后纪》十卷、《列传》八十卷而无《志》。乾兴元年，判国子监孙奭始奏以补前史之阙"云云，是可证也。前校班《书》时，获见乾兴元年中书门下牒国子监文一通，即孙奭以刘昭注司马彪《志补》、章怀注范《书》故事，更足征信。是本《列传》卷一，大题《后汉书》十一,直接《皇后纪》第十,循序而下,至《后汉书》九十而止。《志》三十卷,均无大题,与《纪》、《传》全不衔接,当犹是淳化、乾兴旧式。然目录则已以《志》羼入《纪》、《传》之间,两不相应,殊不可解。陈《录》称《馆阁书目》直以百二十卷并称蔚宗撰。按《中兴馆阁书目》,陈骙叔进等撰,淳熙五年上之。亦见陈《录》。是本同时刊成。意者编目之时,作者获见《馆阁书目》,以为撰自一人,遂沿《纪》、《志》、《传》先后之成例而混合之,遂致有此歧异欤。

刘昭注范书纪传不传注司马志独传

《梁书·文学·刘昭传》:"昭集《后汉》同异,以注范晔《书》,世称博悉。"范《书》无《志》,是所注为《纪》、《传》也。其注补八《志》,别有自序,曰:"司马续书,总为八《志》。"又曰:"徒怀缱绻,理惭钩远,乃借旧《志》注以补之。狭见寡陋,匪同博远。及其所值,微得论列,分为三十卷,以合范《史》,求于齐工。"其《本传》曰"集注范《书》一百八十卷"者,是必并《纪》、《传》、《志》而言。王鸣盛谓:"章怀诏集诸儒共注范《书》,不免袭取刘昭旧注。"又谓:"注《纪》、《传》易,注《志》难。避难趋易,故于《志》仍用昭注。"司马彪《续汉书》,《纪》、《传》不传而《志》独传;刘昭注范《书》,《纪》、《传》不传而注司马《志》独传,亦一异也。是本司马《志》,每卷均题"刘昭注补",不失原序之意。殿本乃易"注补"为"补注",故王氏极诋諆之,而钱大昕亦讥其有失本来面目。

注语入正文附传跳行均误

《郭太传》注："初太始至南州过袁奉高不宿而去从叔度累日不去或以问太太曰奉高之器譬之氾滥虽清而易挹叔度之器汪汪若千顷之陂澄之不清扰之不浊不可量也已而果然太以是名闻天下"七十四字，本为章怀引谢承书中之语。监本、汲古本、殿本皆列入正文。是本独否。钱大昕谓："尝见南宋本及明嘉靖己酉福建本，皆不误。盖必从旧本出也。"又以下左原、茅容、孟敏、庾乘、宋果、贾淑、史淑宾、黄允、谢甄、王柔及其弟泽诸人，皆为太所奖拔，故史云著之篇末。今时本一一跳行，殊不合附传之体，且其下尚有张孝仲、范持祖、召公子、许伟康、司马子威等，又在王柔兄弟之后，即本传所谓皆如所鉴者，其文气联贯而下，故跳行实误也。

刘攽所刊误字不误

昔人校勘范《书》，莫详于宋之刘攽。《宋史》言："攽邃史学，作《东汉刊误》，为人所称颂。"是本于刘氏所指之误，均不复见，或即据刊误改正，否则所据之本，出于刘氏所见之外，未可知也。如：

《光武帝纪》，"建武九年初置青巾左校尉官。十五年，复置屯骑长水射声三校尉官。十九年，复置函谷关都尉"，又《列传》第九《耿国传》，"遂置度辽将军"。是本四"置"字刘氏所见均误"致"，故均谓："'致'宜作'置'。"

《明帝纪》，"亦复是岁更赋"，注"当行者不可往即还因住一岁",是本"住"字刘氏所见误"任",故谓:"'因任一岁',案'任'当作'住'。"

《章帝纪》,"建初四年,教学为本",注"夏曰校"。是本"校"字刘氏所见误"教",故谓:"'夏曰教','教'当作'校'。"

《灵帝纪》,"熹平四年,为民兴利",注:《前汉·地理志》及《续汉·郡国志》并无监。今蒲州安邑县西南有盐池。"是本"无监"二字刘氏所见误"无盐",又"盐池"误"盐城"。故谓:"注'盐城'当作'盐池'耳。及'无盐'字下当有一'监'字。"

又,"中平六年,上军校尉蹇硕下狱死",是本"狱"下,刘氏所见脱"死"字。故谓:"正文'蹇硕下狱',案硕以此时诛,实少一'死'字。"

《齐武王传》,"引精兵十万南渡黄淳水",是本"黄"字刘氏所见误"潢",故谓:"'潢'字据注唯当作'黄'。"

又,"子炀王石嗣",是本"炀"字刘氏所见误"殇",故谓:"王石立二十四年,不可以殇谥,盖是'炀'字。"

《窦宪传》,"发北军五校",注"汉有南北军中候一人六百石掌临五营",是本"五"字刘氏所见误"立",故谓:"'掌临立营','临'当作'监','立'当作'五'。"

《冯衍传》,"陂山谷而间处兮守寂寞而存神",注"陂音兵义反"。是本"兵"字刘氏所见误"丘",故谓:"注陂丘义反,切不得。'丘'当作'兵'。"

《樊儵传》,"儵字长鱼",是本下文全作"儵"。刘氏所见误"鯈",故谓:"按'鯈'非鱼类,与名不合,疑本是'儵'字。又按儵弟名鲔,知作'儵'无疑。"

又，"如令陛下子臣等专诛而已"，是本"如令"二字，刘氏所见误"如今"，故谓："按文'今'当作'令'。"

《郑玄传》，"其勖求君子之道研钻勿替"，是本"钻"字刘氏所见误"赞"，故谓："案文'赞'当作'钻'。"

《度尚传》，"夫事有虚实法有是非"，是本"夫事"二字刘氏所见误"大事"，故谓："案文'大'当作'夫'。"

《刘恺传》，"如今使臧吏禁锢子孙"，是本"今"不作"令"，"今"义亦较"令"字为长。刘氏所见殆作"如令"，故谓："案文多一'如'字。"

《朱晖传》，"数年坐法免"，注"坐考长吏囚死狱中"。是本"吏"字刘氏所见误"史"，故谓："案临淮郡无长史。既言囚死狱中，当是'吏'字。"

又，"惟今所言适我愿也"。是本"今"字刘氏所见误"令"，故谓："'惟令所言'，案时晖未为尚书令，明此'令'字是'今'字。"

《应劭传》，"夫国之大事莫尚载籍"。是本"籍"字下刘氏所见殆有"也"字，故谓："案文多一'也'字。"

《李云传》，"帝者谛也"，注"帝之言谛也"。是本"言谛"二字刘氏所见误"谛言"，故谓："注'帝之谛言也'，案文'言'当在'谛'字上。"

《张衡传》，"曾何贪于支离而习其孤技耶"，注"学屠龙于支离益"。是本"益"字刘氏所见误"盖"，故谓："注'支离盖'，案《庄子》，'盖'当作'益'，'支离'其名'益'耳。后人不读《庄子》，妄改为'盖'。"

又,"羁要衮以服箱",是本"衮"字刘氏所见误"袤",故谓:"案'要袤'古良马,当作'衮',从马。"

又,"爒神化而蝉蜕兮朋精粹而为徒",注"蝉,蛇蜕所解皮也","蝉"下有"蛇"字。考《说文》虫部,"蜕,蛇蝉所解皮也"。知是本不误,特文字颠倒耳。刘氏所见殆有缺文,故谓:"当云'蜕蝉所解皮'。"但未言及"蛇"字。

《赵岐传》,"著孟子章句",是本"孟"字刘氏所见误"要",故谓:"正文'著要子章句',案'要'当作'孟'。"

《陈蕃传》,"震受考掠誓死不言",是本"受"字刘氏所见误"授",故谓:"案文'授'当作'受'。"

《公孙瓒传》,"每闻有警瓒辄厉色愤怒",是本"警"字刘氏所见误"驚",故谓:"'驚'当作'警'。"

《西域·莎车国传》,"不复置王但遣将镇守其国",是本"王"字刘氏所见误"正",故谓:"案文'正'当作'王'。"

《鲜卑传》,"将帅良猛财赋充实",是本"赋"字刘氏所见误"富",故谓:"'富'字当作'赋'。"

据此,则是本校印之精,实胜于刘氏所见之本矣。

蔡邕石经存毁之数

《蔡邕传》:"邕乃自书册于碑,使工镌刻,立于太学门外。"原注:"《洛阳记》曰:'太学在洛城南开阳门外。讲堂长十丈,广二丈。堂前石经四部,本碑凡四十六枚。西行,《尚书》、《周易》、《公羊传》十六碑存,十二碑毁;南行,《礼记》十五碑,悉崩坏;东行,《论语》三碑，二碑毁。'"殿本注："《论语》三碑作二碑。"刘攽曰："注《论语》二碑毁，案文当是一碑毁。若二碑毁者，当云'皆毁'而已。"是刘攽所见之本与殿本同。按原注，碑凡四十六枚：西行存十六碑，毁十二碑；南行十五碑悉崩坏。共四十三枚。合之东行《论语》三碑，正得四十六枚。若《论语》仅得二碑，则碑数只得四十五，与上文不合。故知此作三碑不误。刘氏所以反复辨正者，盖所见之本先误也。

三 国 志

衢州本为上建本次之

衢州本《国志》,余曾见数部,多有元、明补刊之叶。涵芬楼所藏,版印极精,无一补版,然只存《魏志》。又于静嘉堂文库见昔士礼居所藏宋刻单行《吴志》,又于松江韩氏见宋刻小字本,然亦仅存《魏志》九卷。元有池州本,半叶十行二十二字。此较易得。余亦曾见二部,版印均佳,然讹字极多,难称善本。无已,其惟此建本乎?

殿本卷第淆乱

建本宋讳避至廓、郭等字,当为宁宗时刊本。《魏志》三十卷、《蜀志》十五卷、《吴志》二十卷,目录各置本志之前,大题则连贯而下,为数六十有五。殿本废去大题,并总目为六十五卷,而三志分卷,又各自为起讫。前后歧出,全不相应。以云体例,似未合也。

三志单行本

是本《蜀志》卷首有咸平中书门下牒文一通。牒前标明《蜀志》。余前见单行《吴志》，亦冠有咸平中书门下牒文。是可见三志原自单行。此后刊刻，或取单行本以资参考，故此仍留《蜀志》牒文也。

殿本考证讹字可信

海源阁所藏《国志》，亦即此本。杨绍和跋所言殿本《考证》中举正之讹字，是本一一相合。然尚有所未尽，今校补如左：

《魏书·蒋济传》，"弊敝之民，倘有水旱，百万之众，不为国用"。《考证》谓："似应作'劫'。"此正作"劫"。

《乌丸鲜卑东夷传》，"故但举汉末魏初以来以备四夷之变云"，注"悉秃头以为轻便"。《考证》谓："一本作'髡'。"何焯引《说文》"髡"字注，以证"髡"字之合。此正作"髡"。

《蜀书·向朗传》，"历射声校尉尚书"，注"镇南将军卫瓘"。《考证》引《卫觊传》："瓘为镇西将军。"谓："作'镇南'字误。"此正作"西"。

《杨洪传》，"能尽时人之器用也"，注"初往郡后为督军从事"。《考证》谓："'往郡'疑作'仕郡'。"此正作"仕"。

《吴书·孙权传》，"屈身于陛下是其略也"，注"《吴书》咨字德度南阳人"。"书"下，《考证》疑脱"曰"字。此正有"曰"字。

《刘繇传》，"繇伯父宠为汉太尉"，注"山阴县民去治数十里"。《考证》谓："'民'，各本俱讹作'氏'，今改正。"此正作"民"。

《士燮传》，"壹亡归乡里"，注"会卓入阙壹乃亡归"。《考证》疑"阙"作"关"。此正作"关"。

《周鲂传》,"推当陈愚,重自披尽。惧以卑贱,未能采纳"。《考证》"推"疑作"惟"。此正作"惟"。

时本讹文衍文夺字俗字均可矫正

殿本从明监本出,故多舛错。馆臣虽以宋本校正,然遗漏仍多。汲古阁本号称精校,亦有与监本、殿本同误者。今列举如左:

一曰讹文。

《魏书·杜畿传》,"然亦怪陛下不治其本而忧其末也"。诸本"治"均误"知"。

《张郃传》,"从讨柳城,与张辽俱为军锋,以功迁平狄将军"。诸本"从"均误"后"。

《庞惪传》,"惟侯戎昭果毅,蹈难成名"。诸本"戎"均误"式"。

《王昶传》,"若范匄对秦客而武子击之"。诸本"而"均误"至"。

《蜀书·先主传》,"今上天告祥,群儒英俊,并起河洛"。诸本"起"均误"进"。

《秦宓传》,"宓称疾卧在第舍"。诸本"第"均误"茅"。

《刘封传》,"先主因令达并领其众留屯江陵"。诸本"其"均误"兵"。

《杨戏传》,"维外宽内忌,意不能堪"。诸本"意"均误"竟"。

《吴书·骆统传》,"其姊仁爱有行,寡归无子"。诸本"归"均误"居"。

一曰衍文。

《魏书·刘晔传》,"子寓嗣",注"复每问皆同者,晔之情必无所逃矣"。诸本"所"下均衍"复"字。

《蒋济传》,"今其所急,惟当息耗百姓,不至甚弊"。诸本"急"下均衍"务"字。

《张既传》,"斩首获生以万数",注"不欺明公,假使英本主人在实不来此也"。诸本"来"下均衍"在"字。

《邓哀王冲传》,"世俗以为鼠啮衣者其主不吉"。诸本"主"下均衍"者"字。

《蜀书·马良传》,"及先主入蜀,诸葛亮亦从往"。诸本"从"下均衍"后"字。

《郤正传》,"薛烛察宝以飞誉",注"吾有宝剑五,请以示子,乃取豪曹巨阙"。诸本"取"下均衍"其"字。

《黄权传》,"待之如初",注"诗云乐只君子保乂尔后,其刘主之谓也"。诸本"之"下均衍"所"字。

《吴书·陆凯传》,"吴郡吴人",诸本"人"下均衍"也"字。

一曰夺字。

《魏书·张既传》,"封妻向为安城乡君"。诸本均夺"封"字。

《苏则传》,"帝大怒踞胡床拔刀"。诸本"踞"下均夺"胡"字。

《杜畿传》,"若使善策必出于亲贵,亲贵固不犯四难以求忠爱"。诸本均夺下"亲贵"二字。

《蜀书·刘璋传》,"无恩德以加百姓,百姓攻战三年,肌膏草野者,以璋故也"。诸本均夺下"百姓"二字。

《诸葛亮传》,"因结和亲,遂为与国",注"据正道而临有罪"。诸本均夺"正"字。

《庞统传》,"先主大笑,宴乐如初",注"若惜其小失而废其大益"。诸本均夺下"其"字。

《秦宓传》,"诗云鹤鸣于九皋"。诸本均夺"于"字。

《吴书·步骘传》,"骘于是条于时事业在荆州界者"。诸本均夺"业"字。

一曰俗字。

《魏书·齐王纪》,"西域重译献火浣布,诏大将军太尉临试,以示百寮",注"斯调国有火州,在南海中"。诸本"州"均作"洲"。

《陈思王植传》,"诚以天罔不可重离"。诸本"罔"均作"网"。

《卫觊传》,"茵蓐不缘饰,器物无丹漆"。诸本"蓐"均作"褥"。

《徐邈传》,"徐公志高行絜,才博气猛,其施之也高而不狷,絜而不介"。诸本两"絜"字均作"洁"。

《胡质传》,"官至徐州刺史",注"家贫无车马童仆"。诸本"童"均作"僮"。

《邓艾传》,"封子二人亭侯各食邑千户",注"百姓贫而仓禀虚"。诸本"禀"均作"廪"。

《管辂传》末,注"生惊举刀斫正断要,视之则狐"。诸本"要"均作"腰"。

《蜀书·诸葛亮传》,"卒于军,时年五十四",注"忧恚欧血"。又下文松之注,"欧血"字凡三见。诸本"欧"均作"呕"。

《黄权传》,"瞻犹与未纳,崇至于流涕"。诸本"与"均作"豫"。

古写本之异同

友人有得新疆鄯善出土古写本《国志》者，起《吴书·虞翻传》"权于是大怒"句"怒"字，讫《张温传》"臣自入远境"句"境"字。凡八十行，中有蠹损，存字一千九十许。用校此本，颇有异同。今闻其物已流出域外矣。异同如左：

宋本	古写本
惟大司农刘基起抱权	无"农"字
手杀善士	无"手"字，"杀"作"煞"，下均作"煞"。
天下孰知之	□谁不知之
曹孟德尚杀孔文举	无"尚"字
孤于虞翻何有哉	无"有"字
孟德轻害士人	"人"作"仁"
何得自喻于彼乎	"得"作"曾"
不应而遽避之	而遽乙转
又经芳菅门	又经□□中芳门
当闭反开当开反闭	二句乙转
世岂有仙人也	"也"作"邪"
权积怒非一	"积"作"责"
门徒常数百人	"常数"二字蚀，"百"作"十"
终成显名	"成"作"咸"
在南十余年年七十卒	在南十余年□十九卒
翻有十一子	无"翻"字，句作"有子十一人"

氾弟忠	"忠"作"中"
耸越骑校尉累迁廷尉湘东河间太守	"耸"作"竦",无"累迁"至"太守"十字
昺廷尉尚书济阴太守	"昺"作"晃",无"尚书济阴太守"六字 以上《虞翻传》
字公纪吴人也	"公纪"下有"吴郡"二字
须当用武治而平之	"须"作"唯"
则修文德以来之	无"则修"二字
虞翻旧齿名盛	"旧"字蚀,"名盛"作"成名"
又意在儒雅	"在"作"存"
著述不废	"述"作"术"
有汉志士	"士"作"民"
遘疾遇厄	"遇"作"逼"
遭命不幸	"幸"作"永"
从今已去	"已"作"以" 以上《陆绩传》
字惠恕吴郡人也	"郡"下有"吴"字
温当今与谁为比	"比"下有"也"字
大司农刘基曰	无"司"字
可与全琮为辈	"琮"作"综"
时年三十二	"三十"作"卅"
以故屈卿行	无"以"字
便欲大搆于蜀	"搆"作"構","蜀"作"丕"
功冒溥天	"溥"作"普"
参列精之炳燿	"燿"作"耀"

吴国勤任旅力	"任"作"恁"
平一宇内	"一"作"壹"
军事舆烦	"舆"作"尅"
是以忍鄙倍之羞	"倍"作"陪","羞"字蚀
臣自入远境	无"入"字

右之异同，写本略有舛误，然大都胜于宋本。其"大搆于丕"一句，友人谓足以纠正宋本之非。按张温使蜀，为吴黄武三年。是时魏以兵力迫吴，曹休、曹仁、曹真等先后进击。权以扬越蛮夷，多未平集，内难未弭，不得不屈意求和。然外托事魏而非诚服也，故与蜀释嫌修好。先以郑泉往聘，逮蜀以邓芝来报，邦交渐复。吴是时实有联蜀图魏之意，故于后来黄龙元年与蜀所立盟辞，痛斥操、丕，且有"今日灭叡，禽其徒党，非汉与吴，将复谁在"之语。若如宋本原文，便欲"大搆于蜀"，则与前后事实均不相应。且果欲搆蜀，权何必以"恐诸葛孔明不知吾所以与曹氏通意"之语语温？温到蜀后，又何敢为称美蜀政之辞？是可知宋本"蜀"字实讹，而写本"丕"字为正。诚可谓一字千金矣。

晋　书

宋刊小字本有二

余见《晋书》旧本多种：一，十行十九字宋刊本，元明递有修补；一，十行二十字元刊本；一，十行二十二字元大德九路刊本；一，九行十四字明覆宋本；一，十行二十字明西爽堂吴氏刊本。又有宋刊十四行二十五字本，即《东湖丛记》所称王弇州钞补旧藏天籁阁项氏、吟香仙馆马氏者。其书固佳，然未为最。此本为硖石蒋氏所藏，版印绝精。邵位西、钱警石各有题记，均极推重，惜无载记。即以弇州藏本配补，行数相同，字数仅差一二，可谓伯仲之间。

卢抱经校帝纪与宋本合

卢抱经以郑樵《通志》及明南北监本、毛氏汲古阁本校乾隆四年殿本《本纪》、《天文志》、《礼志》，见《群书拾补》，多与是本相合。今摘其属于《帝纪》各条如左：

《帝纪》一，"楚汉间司马卬为赵将"，"卬"下注"'邛'，非"。是本作"卬"，不作"邛"。又"权果遣将吕蒙西袭公安"，"袭"下注"羽衍"。是本无"羽"字。

又太和元年下,"达与魏兴太守申仪有隙","魏兴"下注"二字今脱"。是本不脱"魏兴"二字。又"凡攻敌必_{宋本误'必'作'二'}扼其喉而捲其心。""捲"下注"从'木'者讹。"是殿本从"扌"不从"木"。

又青龙元年下,"国以充实焉"。"焉"下注"今脱"。是本不脱"焉"字。

又青龙二年下,"关中多蒺藜"。"藜"下注"毛及《音义》俱不作'藜',下同"。是本作"藜",不作"藜"。

又青龙三年下,"帝运长安粟五百万斛输于京师","输"下注"脱,《通志》有,《音义》音'戍'"。是本不脱"输"字。

又景初二年下,"帝固让子弟官不受","帝"下注"今脱"。是本不脱"帝"字。

又嘉平三年下,"依汉霍光故事","汉"下注"今脱"。是本不脱"汉"字。

《帝纪》二,嘉平五年下,"帝乃敕钦督锐卒趣合榆","帝"下注"今脱"。是本不脱"帝"字。

又正元元年下,"臣请依汉_{宋本脱'汉'字}霍光故事","依"下注"昔衍"。是本不衍"昔"字。

又景元四年下,"居守成都及备他境","境"下注"'郡',非"。是本作"境",不作"郡"。又"金城太守扬欣趣甘松","欣"下注"'顾',非"。是本作"欣",不作"顾"。又"仍断大政","仍"下注"'乃',非"。是本作"仍",不作"乃"。又"犯命凌正",注"'凌'当作'陵'"。是本作"陵",不作"凌"。

《帝纪》三,泰始元年下,"罢部曲将长吏以下质任","吏"

下注"今误倒"。是本作"长吏",不作"吏长"。又"麒麟各一","麒"下注"'骐',讹,下同"。是本作"麒",不作"骐"。

又泰始六年,"赐大常博士学生帛牛酒各有差","学生"下注"二字脱,《通志》及毛本有"。是本不脱此二字。

又泰始九年,"鲜卑寇广宁",下注"'宁',讹"。是本作"宁",不作"寗"。

又咸宁三年下,"平虏护军文淑讨叛虏树机能等并破之","并"下注"今脱"。是本不脱"并"字。

又太康元年下,"斩吴江陵督五延","五"下注"'王',非。五盖子胥之后"。是本作"五",不作"王"。又"尅州四","尅"下注"毛,'克',此从《通志》,今作'得',讹"。是本作"尅",不作"得"。

又太康四年下,"牂柯獠二千余落内属","柯"下注"'牁',讹。下同"。是本俱作"柯",不作"牁"。

又太康六年下,"尚书褚䂮"下,注"'契',讹。《音义》䂮力灼反"。是本作"䂮",不作"契"。

"太熙元年,春正月辛酉朔改元己巳","己"下注"今讹'乙'"。是本作"己",不作"乙"。又"承魏氏奢侈刻弊之后","刻"下注"'革',讹"。是本作"刻",不作"革"。

《太宗赞》,"骄泰之心因斯以起",下注"'因而斯起',讹"。是本作"斯以",不作"而斯"。

《帝纪》四,永平元年,"得以眇身托于群后之上","眇"下注"从'耳',非"。是本从"目",不从"耳"。

又光熙元年下,"九月顿丘太守冯嵩","顿"下注"今讹

'颖'"。是本作"顿",不作"颖"。

《帝纪》五,永嘉五年下,"勒寇豫州诸郡"下注"'军',非"。是本作"郡",不作"军"。

又永嘉六年下,"猗卢自将六万骑,次于盂城","盂"下注"'盆',讹"。是本作"盂",不作"盆"。

《史臣赞》,"尔乃取邓艾于农璅宋本作'琐'"下注"'隙',毛作'琐',与'璅'同"。是本作"琐",不作"隙"。

《帝纪》七,咸和三年下,"舟车四万次于蔡州"下注"'洲',案《宋志》,蒲洲、郁洲之类皆作'州'"。是本作"州",不作"洲"。

又咸和四年下,"李阳与苏逸战于柤浦","柤"下注"侧孤、侧加二反,作'祖'讹"。是本作"柤",不作"祖"。

《帝纪》九,咸安二年下,"若涉泉水"下注"即渊水,作'冰',讹"。是本作"水",不作"冰"。

太元十八年下,"二月乙未又地震宋本作'地又震'","乙"下注"'己',讹"。是本作"乙",不作"己"。

《帝纪》十,隆安元年下,"散骑常侍郭麝"下注"从'麻',讹"。是本从"麻",不从"麻"。

其尤著者,则《帝纪》五永嘉二年下,"刘元海寇平阳河东太守路述力战死之",卢氏谓"太守失名"。是所见之本,已佚"路述"二字,又不逮是本矣。凡此皆是本胜于殿本之处。

袁甫郑方二传跳行未添题

顾亭林《日知录》云:"《华谭传》末始淮南袁甫云,今误以'始'

字绝句,左方跳行,添列一袁甫题,而以'淮'字起行。又《齐王冏传》后郑方者,乃别叙其人及冏答书于后耳。跳行添题,亦误。"是本淮南袁甫及郑方者,均已跳行。《华谭传》末,已无"始"字,惟并未添袁甫、郑方二题,尚是旧式。

宋　书

卷末疏语

　　晁氏《郡斋读书志》"嘉祐中，以《宋》、《齐》、《梁》、《陈》、《魏》、《北齐》、《周》书舛谬亡阙，始诏馆职雠校。曾巩等以秘阁所藏多误，不足凭以是正，请诏天下藏书之家悉上异本，久之始集。治平中，巩校定《南齐》、《梁》、《陈》三书上之，刘恕等上《后魏书》，王安国上《周书》。政和中始皆毕，颁之学官"云云。今所存眉山七史，《南齐》、《梁》、《陈》三书有曾巩等、《魏书》有刘恕等、《周书》有王安国等校上序言，与晁《志》所言合。《宋》及《北齐》二书似不当独阙，或政和中校上二书时，原有序言，而后人失之也。是书《志》第十二卷末，有"圣人制礼乐一篇中舞歌一篇"云云六十四字，《列传》第六卷末，有"臣穆等案高氏小史"云云七十五字，正与他书所称"疑者不敢损益，特各疏于篇末"体例相同。然本书百卷，而疏语仅此二条，疑必有阙失已。

少帝纪史臣论犹有遗文

　　钱氏《廿二史考异》曰"《少帝纪》卷末无史臣论，其非休文书显然。盖此篇久亡，后人杂采以补之"云云。今宋本卷末，有"则创业之君自天所启守文之立其难乎哉"数语。玩其词意，确为史臣论断之言。惟前叶已阙，其全文不可得见。后之刊本并此仅存之一行，亦就湮灭。按宋本，本卷第四叶载《皇太后废少帝令》末行"今废为荥阳，一依汉昌邑、晋海西故事"二语下有一"镇"字。以意度之，必为"镇西将军某某入纂皇统"云云。惜第五叶已亡，无可征信。弘治修版，乃以《南史》补之，一字不易，而文义不相联属，遂削"镇"字以泯其迹。不知《南史》为记事之文，本书为记言之文，强为凑合，痕迹甚显。其后北监、汲古阁、武英殿递相传刻，悉沿其误。使无兹本，几无以证钱氏之说矣。

蜀大字板在南宋时入浙

陆心源《仪顾堂续跋》谓"蜀大字本眉山七史，明洪武中取天下书版实京师，其版遂归南京国子监"云云。然是本《列传》第三十四，版心有署"至元十八年杭州钱弼刊"者；第五十八有署"至元十八年杭州刘仁刊"者。是在元时此版已离蜀矣。余尝见宋庆元沈中宾在浙左所刊《春秋左传正义》，其刻工姓名与是本同者多至数十人。其余六史，同者亦夥，镌工亦极相肖。是又宋时先已入浙之证。卷中字体遒敛，与世间所传蜀本同出一派。其版心画分五格者，殆为蜀中绍兴原刊，余则入浙以后由宋而元递为补刻也。

武帝名均作讳字

王氏《十七史商榷》曰"《宋书·武帝纪》其书檄诏策等，皆称

'刘讳'。此沈约本文也。而其间亦多有直称'裕'者,则是后人校者所改。改之未净,故往往数行之中,忽'讳'忽'裕',牵率已甚"云云。按《武帝纪》上元兴二年下,"昨见刘讳风骨不恒"句,"非刘讳莫可付以大事"句,南监本、汲古本、殿本两"讳"字均作"裕"。而"刘讳龙行虎步"句,"刘讳以寡制众"句,又皆作"讳",不作"裕"。《武帝纪》下永初元年下,"皇帝臣讳敢用玄牡"句,"讳虽地非齐晋"句,南监本、汲古本两"讳"字均作"裕",而"钦若景运以命于讳"句,又作"讳",不作"裕"。是均见于同叶数行之内。王氏所斥,必即指此。然宋本实一律作"讳"。王氏所见,盖补版也。

殿本误注为正文

《天文志》三,义熙九年下,"今案遗文所存五星聚者有三周汉以王齐以霸"句下,注曰:"周将伐殷,五星聚房;齐桓将霸,五星聚箕;汉高入秦,五星聚东井。"此二十五字为正文"周汉以王齐以霸"二句之注脚,故用夹行小字。今殿本乃作正文,于文义复出,不可通矣。

阙文不当臆补

史有阙文,圣人所重,"郭公""夏五",著于《春秋》,虽操笔削之权,而不容臆为增益。此修史之极则也。诸《后妃传》均曰:"讳某某郡某县人。"独《文帝沈婕妤传》,"讳容"下空四字。以《武帝张夫人传》"不知何郡县人"例推之,则《沈婕妤传》休文原书亦必有"某郡某县"等字,而后人失之也。殿本乃实之曰"不知何许"。此不知而作之迹甚明。又《王弘传》"论州客邻伍有犯刑坐",中有四行,各阙数字,其间原有墨丁,余痕尚存,而殿本亦无一字之阙。阅此殊令人兴犹及之感。

南　齐　书

治平开板牒文

卷末有治平二年崇文院牒文，可以考见开印南北七史之由来。今录如左：

  崇文院
    嘉祐六年八月十一日
    敕节文宋书齐书梁书陈书后魏书北齐书后
    周书见今国子监并未有印本宜令三馆秘阁
    见编校书籍官员精加校勘同与管勾使臣选
    择楷书如法书写板样依唐书例逐旋封送杭州开板
    治平二年六月　　　日

眉山重刊本

  宋治平中，曾巩等校上《南齐》、《梁》、《陈》、《魏》、《周》等书，政和中颁之学官。绍兴十四年，井宪孟为四川漕，檄求当日所颁本，收合补缀，命眉山刊行。是本宋讳避全"构"、"慎"二字，当是绍兴蜀中重刊之本，亦即七史之第二刊本。

卷末疏语

曾巩等校上是书,遇有疑义,均于卷末附缀疏语。今存者十条。《志》第九末,有"漆画牵车注成栋梁云"四十五字;《传》第二十二末,有"张融海赋文多脱误诸本同"十一字。此二条各本皆有之。其《纪》第一"策文难灭星谋疑"七字,第四"东西二省府国长老一本长字作屯疑"十五字,《传》第六"赖原即大世疑"六字,第三十九"量广始登疑"五字,此四条则唯见于三朝本、汲古本。又《纪》第七"青荓疑"三字,《传》第七"鸣笳细锡疑"五字,第二十"徐令上文疑"五字,第三十"除青右疑"四字,则唯见于是本,而他本均无之。殿本于《纪》一之"难灭星谋"句,改为"日蚀星陨";《传》六之"赖原即大世"句,改"大"为"夭";《传》二十"或有徐令上文长者"句,改为"或有身病而求归者";《传》三十之"除青右出军"句,改"除"为"徐"、"右"为"诏"。明万历监本、汲古本即已如是。以文义言之,所改字句自较顺适,然曾巩辈之所不敢擅动者,后之人乃代行之,殊失阙疑之旨矣。

补阙二叶

殿本《志》第七《州郡》下,缺十八行;《传》第十六,缺十四行又三十字;第二十五,缺十四行又四字;第二十九,缺十五行又七字。明监本、汲古本同。其行数字数,均适当宋本之一叶。是本后二叶亦缺,而前二叶犹存。此为卢氏《群书拾补》、蒋氏《斠补隅录》所未载。今录如左：

《州郡志》下第三叶原文

永宁郡

　　长宁　　上黄

武宁郡

　　乐乡　　长林

巴州三峡险隘山蛮寇贼宋泰始三年议立三
巴校尉以镇之后省升明二年复置建元二年
分荆州巴东建平益州巴郡为州立刺史而领
巴东太守又割涪陵郡属永明元年省各还本
属焉

巴东郡

　　鱼复　　朐䏰　　南浦　　聂阳
　　巴渠　　新浦　　汉丰

建平郡

　　巫　　秭归　　北井　　秦昌
　　沙渠　　新乡

巴郡

　　江州　　枳　　垫江　　临江

涪陵郡

《列传》第十六第十叶原文

　　侍如故铄清羸有冷疾常枕卧世祖临视赐
　　床帐衾褥隆昌元年加前将军给油络车并给
　　扶侍二人海陵立转侍中抚军将军领兵置佐

鄱阳王见害铄迁中军将军开府仪同三司铄
不自安至东府诣高宗还谓左右曰向录公见接
殷勤流连不能已而貌有惭色此必欲杀我三
更中兵至见害时年二十五
始兴简王鉴字宣彻太祖第十子也初封广兴
王后国随郡改名永明二年世祖始以鉴为持
节都督益宁二州军事前将军益州刺史广汉
什邡民段祖以錞于献鉴古礼器也高三尺六
寸六分围二尺四寸圆如筩铜色黑如漆甚薄
上有铜马以绳县马令去地尺余灌之以水又
以器盛水于下以芒茎当心跪注錞于以手振
芒则其声如雷清响良久乃绝古所以节乐也
五年鉴献龙角一枚长九尺三寸色红有文八
年进号安西将军明年为散骑常侍秘书监领
石头戍事上以与鉴久别车驾幸石头宴会赏

舌中血出

殿本《纪》第一:"秉弟遐坐通嫡母殷氏养女。殷舌中血出,众疑行毒害。"三朝本、汲古本均作"殷言中血出"。"言"字不可通,明监本改为"舌"字。然其人生存,仅仅舌中血出,何足以云毒害?是本乃作"殷亡,口中血出"。原版"亡"、"口"二字略小,墨印稍溢,遂相混合。由"亡"、"口"而误为"言",由"言"而变为"舌",愈离愈远矣。按《宋书·长沙景王道怜传》,"义宗子遐,字彦道,与嫡母殷养女云敷私通。殷每禁之。殷暴卒,未大殓,口鼻流血"。与是本"殷亡,口中血出"云云相合。殿本沿监本之讹,而案情轻重,相去不可以道里计矣。

地名脱误

《州郡志》上"南徐州南平昌郡安丘县"下,有新乐、东武、高密三县。又"越州齐宁郡开城县"下,有延海、新邑、建初三县。明监本、汲古本均有之,而殿本均佚。又末行齐隆郡,殿本注"先属交州,中改为闗,永泰元年改为齐隆,还属闗州"。按是本无两"闗"字,惟原文漫漶不可辨。三朝本同,汲古本各空一格,明监本则各注"阙"字。殿本遂误"阙"为"闗"。郡名无改称为闗之理,且当时亦无所谓"闗州"也。

荀丕荀平

殿本《王秀之传》,"州西曹荀平遗秀之知交书",明监本、汲古本均作"荀平"。是本则作"荀丕",三朝本同。下文"平"字凡六见。他本亦均作"平"。两字形极相似,墨印稍沈,笔画易致合并。然细认仍可辨别,且第二笔姿势亦显有殊异。按《南史·豫章文献王传》有颍川荀丕献王书,又与长史王秀、尚书令王俭书,与本传所载辞意均同。"荀"、"苟"传写偶讹,"丕"、"平"音义无别,必为一人无疑。是本仅误其姓,而他本则姓名皆误矣。

梁　书

卷末疏语

曾巩序言:"臣等校正其文字。"是卷末亦当有疏语,然行世各本皆无之。惟是本《本纪》第五末有"元帝纪云召兵于湘州湘州刺史河东王誉　不遣遣世子方等帅众讨誉战所败死方等传云至麻溪军败溺死誉传云遣世子方等征之反为誉所败死疑纪阙误"六十三字;《传》第七末有"终逌组而后值逌组疑"九字;第十五末有"王金传属循垆作乱疑"九字;第三十三末有"羊侃传并其兄默及三弟悦给元皆拜为刺史悦南史作忱未知孰是"二十七字。此惟见于宋本卷内,其元明递修各卷原本,有无不可考矣。

宋本多墨丁空格

是本墨丁、空格凡数十见。他本除有数处仍注"缺"字外,余均补以适当之字。大都取材于《南史》。如《司马筠传》"二王在远诸子宜摄祭事"句,《南史》"诸子"作"世子";《良吏传》篇首"故长吏之职号为亲民"句,《南史》"号为"作"号曰"。其为《南史》所未收者,亦各有所补。或循文义,或采事实,或取资于上下文。然《贺琛传》

"权其事皆息费休民"句,汲古本"皆"下增"须"字;《萧洽传》"尚书■部郎"句,汲古本"部"字作"中";《庾诜传》"该涉释教"句,汲古本"该"字作"诜"。此可见本书所阙之字原有不同。余不敢谓监本、殿本所补全为臆造。眉山重刊所据诸本,当时收合补缀,文字庸有损蚀。主其事者,或于《南史》之外睹有别本。如上文所举互异之字,不能定其适从,故以墨丁空格代之,后人乃一一为之弥补。以视眉山原刊,殊有间矣。

避唐讳诸字

思廉论撰是书,成于贞观之世,因避唐讳,故改"丙"为"景",改"虎"为"兽"与"武",改"渊"为"深",书中各数十见。明代重刻,乃复其初。钱竹汀以明人擅改本文,斥为不学,一若明以前本尽避唐讳者。然以宋刊各卷考之,则《纪》第二天监四年下,"丙午者凤皇衔书伎",又"十月丙午北伐",五年下,"夏四月丙申庐陵高昌之仁山获铜剑二",六年下,"十二月丙辰尚书左仆射夏侯详卒",《传》第十一《王珍国传》,"十二月丙寅旦珍国引稷于卫尉府",以上"丙"字均不作"景"。又《纪》第五大宝三年下,"何必西瞻虎据乃建王宫",《传》第五《张弘策传》,"虎据两州参分天下",第八《任昉传》,"媲人伦于犲虎",第十一《张齐传》,"天监二年还为虎贲中郎将",第十四《陈伯之传》,"伯之子虎牙封示伯之",又"遣信还都报虎牙兄弟虎牙等走盱眙",又"与子虎牙及褚缉俱入魏",又"虎牙为魏人所杀",第二十《萧琛传》,"琛乃著虎皮靴策桃枝杖直造俭坐",第三十一《谢举传》,"征士何胤自虎丘山赴之",第三十四《许懋传》,"依白虎通云封者言附广也",第四十七《孙谦传》,"先是郡多虎暴谦至绝迹及去官之夜虎即害居民",以上"虎"字均不作"兽"与"武"。又《传》第十四《刘季连传》,"太宰褚渊素善之",又"新城人帛养逐遂宁太守谯希渊",又"子仲渊字钦回",又"送季连弟通直郎子渊及季连二子使蜀",第十五《王志传》,"褚渊为司徒引志为主簿渊谓僧虔曰",第二十二《夏侯亹传》,"刺史萧渊明引为府长史渊明彭城战殁",又"渊明在州有四妾章于王阮并有国色渊明没魏其妾并还京第",以上"渊"字均不作"深"。此必非思廉原文。宋元刊本即已如是,其窜易不知始于何时,固不能专责明人也。

王伟彭㻞进土囊

《简文帝纪》:"既醉寝,王伟、彭㻞进土囊,王修纂坐其上,于是太宗崩。"监本、汲古本、殿本则云:"伟乃出,㻞进土囊。"与《南史》同,一似伟未亲行篡弑者。按《侯景传》:"郭元建还自秦郡,谏景勿行弑逆,伟固执不从。"《南史·梁纪》八:"景纳帝女溧阳公主。公主有美色,景惑之,妨于政事。王伟每以为言,景以告主。主出恶言。伟知之,惧见逸,乃谋废帝而后间主。苦劝行杀,以绝众心。"又《王伟传》亦云:"及行篡逆,皆伟创谋。是行弑简文,实伟主之。"虽《侯景传》奉酒于太宗者只彭㻞、王修纂二人而无王伟,然《简文帝纪》则云:"王伟等进觞于帝。"《南史》亦云:"王伟乃与彭㻞、王修纂进觞于帝,曰丞相以陛下幽忧既久,使臣上寿。"是则王伟明系共事之人,又何必于进土囊之前独先离去乎?此事宋本云云,似可征信。

宋本阙文

《陈伯之传》,"伯之乡人朱龙符为长流参军并乘伯之愚暗恣行奸险刑政通塞悉共专之伯之子虎牙"下,接"封示伯之",无"时为直阁将军高祖手疏龙符罪亲付虎牙虎牙"十九字。

《傅昭传》,"太原王延荐昭于丹阳尹袁粲深为所礼辟为郡主簿使诸子从昭"下,接"定其所制",无"受学会明帝崩粲造哀策文乃引昭"十四字。

《朱异传》,"异居权要三十余年善窥人主意曲能阿谀以承上旨故特被宠任历官自员外常侍至侍中"下,接"四职并驱卤簿",无"四官皆珥貂自右卫率至领军"十二字。

右三段所阙字句,宋本、汲古本同,监本、殿本有之,殆据《南史》增补。

陈 书

避陈讳及唐讳

　　高祖名霸先,世祖名蒨,宣帝名顼,其名书中皆避作讳字,惟废帝伯宗、后主叔宝均不避。其避唐讳者,"丙"作"景",七十字;"虎"作"武"或作"兽",各七字;"渊"作"深",二字。然《纪》第三天嘉五年下"周铁虎",《纪》第六祯明三年下"韩擒虎",又《周铁虎本传》、《陈慧纪传》、《豫章王叔英传》、《皇太子深传》、《任忠传》、《樊猛传》、《鲁广达传》之"韩擒虎",《徐陵传》之"萧渊明",又均不避。钱大昕谓:"思廉元文作'武'作'虎'者,皆后来校书者所改。"所谓校书者,未知所指何人。然以上作"虎"作"渊"者,原板亦皆宋刻。何以有改有不改?是可见校刻之疏率,在宋本亦所不免。

卷末疏语

　　武英殿本书校刊官孙人龙跋,谓:"古本既不可见。国子监所存旧板讹舛殊甚,而巩等篇末所疏疑义亦无一存。"按是本《纪》第一,存"典澈或本作曲澈前有典澈湖亦同皆疑"十六字;第三,存"天嘉三年高句骊王高汤或本作高阳"十五字;《传》第三,存"侯瑱传分掷荡顿芜湖洲尾或本作分顿疑吴明徹字通昭或本作通炤疑"二十九字；第十，存"刘师知传孔中庶诸通疑"十字；第二十八，存"江德操字德藻或本江德藻字德藻疑"十五字；第二十九，存"陈宝应传此皆明耻教战濡须鞠旅恐有误潼州刺史李睹或本作季腊或本作李睹疑"三十四字；第三十，存"始兴王传王飞禽除伏波将军或本作仗后将军疑"二十字。毛氏汲古阁初印本仅存《传》第二十八、第三十之二条。陆氏《仪顾堂题跋》述其所藏，亦尚缺《传》第二十九之一条。

大予太子

《宣帝纪》，"太建十一年十二月己巳，诏大予秘戏非会礼经乐府倡优不合雅正并可删改"，明监本、汲古阁本、殿本"大予"均作"太子"。按《后汉书·明帝纪》，"永平三年秋八月戊辰，改大乐为大予乐"注，"尚书璇玑钤曰有帝汉出德洽作乐名予，故据璇玑钤改。汉官仪曰大予乐今一人秩六百石"。殿本《后汉书》亦均误作"太子"。又蜀大字本《梁书·武帝纪》，中兴三年正月，"高祖令掖庭备御妾之数大予绝郑卫之音"。汲古本、殿本又改"大予"作"大享"。是必原作"太子"，校者以其义不可通，遂加"亠"于"子"字之上，并易"太"为"大"，以附合之。是此二字在宋刻之后，沿讹久矣。余近见宋白鹭洲书院刊《后汉书·明帝纪》及《百官志》，"大予"二字均已作"太子"，然则此二字在宋刻亦已讹误矣。

哥歌

《世祖纪》，"天嘉元年秋七月甲寅诏，使械朴载哥由庚在咏；八月戊子诏,苔豢厌于胥吏哥钟列于管库"。《后主张贵妃传》,"选宫女有容色者以千百数令习而哥之"。《徐陵传》,"襄老蒙归虞哥引路"。《杜之伟传》,"时乐府无孔子颜子登哥词"。"哥"即古"歌"字。宋刻犹多存古文,今本则皆改为"歌"矣。

钱氏考异可信

殿本《宣帝纪》,"太建五年五月己巳,石梁城降"。《考异》云:"按上书徐檴克石梁城,此又云石梁城降。复沓甚矣。《通鉴》作'瓦梁',盖温公所见本不误。"是本正作"瓦梁"。又《衡阳献王昌传》,"寻与高祖俱往荆州。梁元帝除员外散骑常侍。荆州陷,又与高祖俱迁关右"。《考异》云:"二'高祖'字当作'高宗'。"是本正作"高宗"。《裴忌传》"委忌总知中外城防诸军事。及皎降,高祖即位"。按下文为太建元年,此"高祖"二字亦当作"高宗",《考异》未指出。惟《高祖纪》永定二年下,"北徐州刺史唱义之初,首为此职。"《考异》谓:"校书者不知昌义之为人姓名,妄于'昌'旁加'口',又增一'初'字,浅陋可笑。"是本亦误。

时本误补墨丁

《衡阳王伯信传》,"祯明三年,隋军济江与临汝侯方庆并为■衡州刺史王勇所害"。汲古本、殿本墨丁俱作"西"字。按《方庆传》,"隋师济江,衡州刺史王勇遣高州刺史戴智烈将五百骑迎方庆"。仅曰"衡州刺史",并不冠以"西"字,且下文是时为西衡州刺史者,实为衡阳王伯信。是补墨丁为"西"者,误也。又《萧济传》,"太建初,入为五兵尚书。与左仆射徐陵、特进周弘正、度支尚书王■、散骑常侍袁宪,俱侍东宫"。汲古本、殿本墨丁俱作"玚"字。按《王玚传》,玚于太建元年迁度支尚书。无侍东宫之事。其侍东宫,在世祖嗣位之日,其官则散骑常侍领太子庶子也。疑此度支尚书王某,别为一人。其补墨丁为"玚"者,误也。

魏　书

宋本久湮

冯梦祯《万历重雕〈魏书〉序》谓："南监所藏唐以前诸史，独此书刓敝甚，议更新之。苦无善本校雠。鲁鱼帝虎，不能尽刊。断篇脱字，所在而有。"孙人龙校刊乾隆殿本后跋，亦云："明所刻二十一史中，此书又最为刓敝。今欲摘谬辨讹，不留遗憾，此实难矣。"据此则万历、乾隆覆刊之时，均不获见宋刻矣。

华阳叶氏藏宋本

光绪中，华阳叶氏尝得宋刻。长沙王先谦约在京同官十人，以汲古阁本分任雠校，有《校勘记》刊于广雅书局。余取勘一过。有叶本已见讹夺，而是本尚完好无缺者。如《世祖纪》始光元年下，"是刘义符为其臣徐羡之等所废杀"。王校："'是'下脱'年'字。"是本不脱。《卢渊传》，"传业累世有能名"。王校："'世'下当重一'世'字。"是本正重一"世"字。《尉元传》，"陡兹父事仪我万方"。王校："'陡'字宋本作'涉'，不误。"是本作"陟"，不作"涉"。《程骏传》，"文成践阼拜著作佐郎"。王校："'文成'作'高祖'。"是本作

"高宗",不误"高祖"。其他异同,亦尚不少。王氏所校凡八百余条,全卷未举一字者及十卷。盖叶氏得是书时,将由京之粤东,不能久假。诸人匆遽校读,故未能详尽也。

卷末疏语

是书疏语,监本、汲古本大都具存。殿本均改作考证,然亦不全采。独《帝纪》三卷末二条,凡三百九十一字,为监本、殿本所不载,即汲古本亦仅存前后六行,凡九十七字,其间尚有二百九十四字全缺。今录其全文如左:

魏收书《太宗纪》亡,史馆旧本《帝纪》第三卷上有白签云:"此卷是魏澹史。"案《隋书·魏澹传》,澹之义例多与魏收不同。其一曰"讳皇帝名,书太子字",四曰"诸国君皆书曰'卒'"。今此卷书"封皇子焘为泰平王"。焘字佛厘。姚兴、李暠、司马德宗、刘裕皆书"卒",故疑为澹史。又案《北史》、《高氏小史》、《修文殿御览·皇王部》皆钞略魏收书,其间事及日有此纪所不载者。《北史·本纪》逐卷后论,全用魏收史臣语,而微加增损。惟论明元即与此纪史臣语全不同,故知非魏收史明矣。《崇文总目》有"魏澹《书》一卷,今亦亡矣。"岂此篇乎?

泰常七年四月,封皇子焘为泰平王。五月诏皇太子临朝听政,是月泰平王摄政。重复不成文。其年九月、十月,再书"泰平王",明年五月、七月,再书"皇太子",前后乖戾。今据此《纪》,无立泰平王为皇太子事。《世祖纪》云:"四月封泰平王,五月为监国。"亦不言曾立为皇太子。此《纪》初诏听政,便云皇太子,后更称泰平王。惟《北史》"泰常七年五月立泰平王焘为皇太子,临朝听政"。《小史》、《御览》亦无立皇太子事,而自临朝听政后,悉称皇太子。彼盖出魏收史,故与此不同。《隋书》称魏澹《书》甚简要,不应如此重复乖戾。疑此卷虽存,亦残缺脱误。

宋本阙文较少

《太宗纪》,"泰常八年九月,刘义符颍川太守李元德窃入许昌诏周几击之元德遁"下,各本阙三字。是本有"走几平"三字。《显祖纪》,"天安元年秋七月"下,阙二字。是本有"辛亥"二字。《陆丽传》,"至于奉迎守顺臣"下,阙二字。是本有"职之"二字。《陆叡传》,"各赐衣物有差"下,阙二字。是本有"高祖"二字,而"有差"二字作"布帛"。又"亲幸城北训誓群帅除尚书令卫将军"下,阙一字。是本有"叡"字。又"陆叡元不早"下,阙五字。是本有"蒙宠禄位极"五字。而上文"元不"二字,是本作"元丕";下文"大臣"二字,是本作"人臣"。《吕罗汉传》,"故内委群司外任"下,阙四字。汲古本不阙。是本有"方牧正是"四字。《天象志》四"肃宗正光三年"注"辛亥又晕之占曰"下,阙二字。是本有字,细辨可认为"饥旱"也。

殿本考证有误

《天象志》二,太和四年正月第二节,"(阙)犯心"。《考证》云

"所阙之字,南监本作'戊午月',当亦误也。系何月戊午耶?或此'犯心'二字重出"云云。是本"戊午月"下,尚有"又"字。前节"丁巳月犯心",戊午为丁巳后一日,此承上文而言,故曰"又犯心"。南监本脱"又"字。《考证》凭空揣测,愈推愈远矣。又《地形志》二,"扬州边城郡领县二","期思"注"郡治有九口_{宋本有残形'彐'}山丰城"。《考证》云"召南按:此指_{丰城言}与期思并属边城郡,监本误刊'丰城'二小字于期思注下,则边城郡少一县矣。今改正"云云。是本"期思"注"丰城"二小字下,别有"新息"二大字,与期思同为边城之县。丰城为期思所属之城,并非县名。召南不见是本,故致误改。

宋本亦有阙误

《广平王怀传》,"广平王怀"下,旁注"阙"字,下接有"魏诸王"云云。所阙之字,未详其数。核其文义,数当不少。《乐志》刘芳上言,"先王所以教化黎元汤武所"以下,是本阙第十二全叶,与其他各本同。又《夏侯道迁传》,中有错简,在第二十四、五两叶中。汲古本注"此传宋刻前后颠倒,案北雍本改正。"此之错简,并不在每叶起讫,未知何以致误?王氏校记亦未指出。

司马进司马逊

《司马休之传》,"晋宣帝季弟谯王进之后也"。汲古本注:"'进'作'逊'。"下文"司马叡僭立江南,又以进子孙袭封"。是本两

"进"字均作"逊"。按《晋书·谯刚王逊传》,"宣帝弟魏中郎进之子也"。此云"宣帝弟",则当是进而非逊。然封谯王者,据《晋书》,实逊而非进。且宣帝兄弟八人,进居第六,亦不当云季弟。本传追叙休之家世,逊为始封之祖,自当称逊而不称进。若然则"进"字误而"宣帝季弟"四字亦误。

九磬九声

《乐志》,"九德之歌,九磬之舞,奏之九变,人鬼可得而礼矣"。各本"九磬"均作"九声"。按前数语,见《周礼·春官·大司乐》,实作"磬"不作"声"。各本作"声"者,形误也。

北　齐　书

卷末疏语

　　《帝纪》三末，有"臣等详文襄纪其首与北史同而末多出于东魏孝静纪其间与侯景往复书见梁书景传其所序列尤无伦次盖杂取之以成此书非正史也"五十五字，各本俱存。惟《纪》第五、第七、第八，《传》第二、第三、第四、第六、第七、第二十五、第二十六、第二十七、第三十，卷末均各有"此卷与北史同"六字。《传》第二十，有"此卷牵合北史而成"八字；第二十一，有"此卷虽非北史而无论赞疑尚非正史"十五字；第二十九，有"此传与北史同但不序世家又无论赞疑非正史"十九字。独见于是本，其他各本均不载。钱氏《廿二史考异》、陆氏《仪顾堂题跋》所记，亦未全也。钱氏谓："《帝纪》三所存一条，为嘉祐校刊诸臣所记，余或为明人所题。"陆氏定为"均出宋臣之手。钱氏未见蜀大字本，故误"。其说是也。

汲古本阙叶

　　《文宣纪》第三十一叶，起"乘驼骢牛驴"，讫"唯数饮酒麴糵"，凡三百二十四字，汲古本全脱。又《李绘传》第三叶第一行第三字起"通急就章内外异之",讫"与梁人泛言氏族袁狎曰",凡三百二十一字,汲古本既全脱,且以《高隆之传》第五叶,除首三字外,余均插入其间。文义全不贯串,校刻亦太粗率矣。

时本多讹字

眉山七史,此为最逊。讹文脱句,不一而足。然亦殊有胜于时本者。汲古本雠校较精,尚有不逮。监本、殿本,更无论矣。

《文宣纪》,"天保九年十一月丁酉,大赦内外文武普泛一大阶"。按《废帝纪》,"天保十年十一月太子即位"。《武成纪》,"河清元年正月立纬为太子"。其下均有内外百官普加泛级之文,盖"普"、"泛"为当时法令习语,监本、殿本易为"并进",殊嫌臆造。

《斛律金传》,"女若有宠,诸贵妒人;女若无宠,天子嫌人"。措词何等隽永。监本、殿本易"妒人"为"人妒","嫌人"为"嫌之",辞气殊直率矣。

《慕容绍宗传》,"吾欲因百官出迎仍悉诛之谓可尔不"。此尔朱荣称兵入洛,欲诛百官,私告绍宗之言,意谓可否如是也。汲古本、监本、殿本乃作"尔"谓"可不",亦失语趣。

《崔暹传》,"暹喜躍,奏为司徒中郎,时暹欲夸耀其子达挐,令升座讲《周易》,屈服朝贵,宠之以官"。"喜躍"者,极言其喜之甚也。监本、殿本乃易"躍"为"擢",形容既未曲尽,即"擢"字无差,而"擢奏"亦嫌倒置。

《杨愔传》,"其开府封王诸叨窃恩荣者",汲古本、监本、殿本乃作"开封王",无"府"字,一似上文常山王、长广王之外,又增一王。

《元文遥传》,"诏特赐姓高氏,籍隶宗正,第依例岁时入朝"。汲古本、监本、殿本乃易"第"为"子弟"二字,以"宗正子弟"为句,语已不文,且文遥为孝昭顾命之臣,武成即位,任遇益隆,赐姓高氏,正所以优礼老臣,岂有视如子弟之理?又"文遥自邺迁洛,惟有地十顷,家贫,所资衣食而已"。监本、殿本乃削去"而已"二字,语意亦欠完足。

《崔季舒传》,"庶子长君,尚书右丞兵部郎中,次镜玄,著作佐郎,并流于远恶"。盖兄弟二人同时流放于远方恶地也。监本、殿本乃作"并流于长城",是反令其兄弟同居一地,殊失窜逐之意。

《卢潜传》,"特赦潜以为岳行台郎中"。时潜方坐讥议《魏书》,与王松年、李庶等俱被禁止,今将起用,故先赦之。监本、殿本乃易"赦"为"敕",与上文文义不贯。

《阳休之传》,"齐受禅,除散骑常侍修起居注,顷之,坐诏书脱误,左迁骁骑将军"。按《魏书·官氏志》,"散骑常侍从第三品,骁骑将军第四品"。故云"左迁"。汲古本、监本、殿本乃易"骁骑"为"骠骑"。骠骑将军第二品,与事实全反。

《孟业传》,"刘仁之谓吏部崔暹曰:'贵州人士,唯有孟业,宜铨举之。他人不可信也。'"监本、殿本后二句作"铨举之次不可忘也"。仁之于业,推举甚殷,故语暹亦极专挚。他本云云,乖其旨矣。

《宋游道传》,"临丧必哀,躬亲襄事"。监本、殿本"襄"作"丧"。上文既言"临丧"矣,又何必重言"躬亲丧事"乎?

因刊误而愈误

余闻人言，旧本诸史讹字较殿本为多。按殿本从监本出。明人刻书，每喜窜易，遇旧本不可解者，即臆改之，使其文从字顺。然以言行文则可，以言读书则不可。即以是书言之，如：

《王琳传》，"兵士透水死十二三"，"透水"殿本作"投水"。"透"、"投"二字，南北诸史往往通用。王西庄备举其例，不知者必以"透"为非矣。

《萧放传》，"慈乌来集，各据一树为巢，每临时舒翅悲鸣，全似哀泣，家人则之"。"则"字不可解，殿本易作"伺"字，意自了然。然乌知"则"非"测"之讹乎？

《徐之才传》，"郡廨遭火，之才起望，夜中不著衣，被红服帕出，戾映光为昂所见"。"戾"字殿本作"户"，诚极明瞭。然余窃疑上句断自"出"字，"戾"或原作"户火"，误并为"戾"。解为户外之火，其光反映，似亦可通。

《魏收传》，"文襄曰：'魏收恃才无宜适，须出其短。'"殿本作"魏收恃才使气，卿须出其短"。语意固较明显，然"无宜适"云云，亦何尝不可索解，特措词稍隐峭耳。

《李稚廉传》，"并州王者之基，须好长史，各举所知，时乐有所称"。三朝本"乐"已讹"牙"。余校诸史，凡遇"乐"字，误者什九。明监刊版时，校者疑"牙"误脱半字，遂改为"雅"。殿本仍之，庸知实非半字之夺，而仅为一笔之讹。

《樊逊传》，"秦穆有道，勾甚锡手"。殿本作"勾芒锡祥"。

"甚"、"芒"形近，"锡祥"与下文"降祸"对举，义亦允洽，纠正诚当。然"手"字究从何来？盖"羊"古通"祥"，因"羊"而转为"手"，则何如易"手"为"羊"之得反其原乎？

《颜之推传》，"牵痾痾而就路"，自注"时患脚气"。殿本作"痾疢"。"痾痾"二字，诚鲜叠用。然瘖瘖瘐瘐，见于《尔雅》，安知彼时无此二字叠用之古语乎？又"欸一相之故人"，自注"故人祖仆射掌玑"玑当作"机"密土纳帝令也"。"土纳"殿本作"吐纳"，似矣。然《尚书·舜典》"龙作纳言夙夜出纳朕命"，"土"、"出"形似，故知"土"实"出"讹，而非"吐"讹。

《宋游道传》，"游道从至晋阳，以为大行台。吏部又以为太原公开府谘议，及平阳公为中尉，游道以议领书侍御史"。此"以议领书"四字，必有脱误。殿本作"游道以为太原侍御史"。骤读之似甚顺，不知侍御史非外职，不当冠以地名，改者见上文有"太原公"之称，以为其官必隶公府，但前后不接，更增一"为"字以联之。于是遂似游道别举一人以充斯职，是则文义更不可通矣。《魏·官氏志》有开府谘议参军，有治书侍御史，品秩相等。时游道正官太原公开府谘议。汲古本亦有"谘"字。窃谓原文"议"上夺"谘"字，"领"下夺"治"字，当作"游道以谘议领治书侍御史"，似较殿本所改为适。

《高阿那肱传》，"安吐根曰一把子贼刺取郎者汾河中"。"郎者"二字，殿本作"掷取"，汲古本作"一掷"。"郎"、"掷"形似，故易推测。"者"字无可比拟，毛氏去之，代以"一"字。殿本且并删之。然"郎"可改"掷"，"者"何不可改"诸"？且"掷诸汾河"，语意似更完满。

此不过就文字言之,而原文究为何语,则不可知。总之不宜臆改也。

与北史互有异同

殿本《祖珽传》,"珽性疏率,不能廉慎。守道仓曹,虽云州局,及受山东课输,由此大有受纳,丰于财产。又自解弹琵琶,能为新曲。招城市年少,歌舞为娱。游集诸倡家,与陈元康、穆子容、任胄、元士亮等为声色之游。诸人尝就珽宿,出山东大文绫并连珠孔雀罗等百余匹,令诸妪掷樗蒲赌之,以为戏乐"。是本"虽云州局"句下,其文为"乃受山东课输大文绫并连珠孔雀罗等百余匹,令诸妪掷樗蒲,调新曲,招城市少年歌舞为娱,游诸倡家,与陈元康、穆子容、任胄、元士亮等为声色之游"云云。又殿本"文宣作相,珽拟补令史十余人,皆有受纳。而谐取教判,并盗官遍略一部,时又际珽秘书丞兼中书舍人还邺,其事皆发"。是本"皆有受纳"句下,其文为"据法处绞,上寻舍之,又盗官遍略一部,事发"。以上二节,比类观之,文字繁简不同,而事实亦异。然核其所言,于彼于此均可通。殿本云云,全出《北史》。按本卷并无同于《北史》之疏语,且汲古刊本,词句全与此同。汲古源出宋刻,是在宋时原有此异于《北史》之本。意者明代覆刊之时,所据之本已有残佚,故取《北史》以补之,而殿本遂仍之耳。

传次互异

《传》第二十《元孝友传》之次,为元晖业。又次,为元弼。弼为父,晖业为子。子不当先父。殿本从而易之,似也。然晖业与孝友同时被害,孝友传后,继以晖业。史以纪事,连类而及,例亦恒有。且殿本目录,亦先晖业而后弼。疑原本与宋刻同,而后始窜易之耳。

睦眭之辨

《传》第三十七有《睦豫传》。钱氏《廿二史考异》曰"《广韵》'睦'字下不云'又姓',它书亦未见睦姓者。然诸本皆从'目'旁"云云。按本传:"睦豫,赵郡高邑人。"本书《崔逞传》,"赵郡睦仲让阳屈之"。《魏收传》,"房延祐、辛元植、睦仲让虽夙涉朝位,并非史才"。《北史》此二传"睦仲让"均作"眭仲让"。又《魏书·逸士传》有眭夸者,亦赵郡高邑人。又《慕容宝传》有中书令眭邃,汲古本亦误作"睦",而监本则作"眭"。由此推之,眭氏必为赵郡巨族,且当时人物亦甚盛。窃疑"睦豫"当为"眭豫"之讹,犹幸尚从"目"旁,未改为"陸"。使非然者,恐钱氏亦无从致疑矣。

殿本增补字句据北史

殿本《北齐书》姚范后跋"屡经刊本舛错,或妄有增损汩乱于其间者,今并考校,正其句字。其非本书而较然可知为后人之补缀者,亦疏之每卷之末。盖古书之存者鲜矣。其幸而传者,亦非当日之旧"云云。按本书《考证》,多采《通鉴》、《北史》、《魏书》及他书,字句之改订者当不少。今摘其旧本所无而殿本所有者数条如左:

《文宣纪》,"太后及左右大惊而不敢言。鳞身重踝,不好戏弄。"殿本"不敢言"下,有"及长黑色大颊兑下"八字。监本同。

《王纮传》,"基先于葛荣军,与周文帝据有关中"。殿本"周文帝"下,有"相知及文帝"五字。监本同。

《薛琡传》,"不如分为六军,相继而进。前军若胜,后军合力,前军承之"。殿本"后军合力"下,有"前军若败"四字。其下"前军"作"后军"。监本同。

《元孝友传》,"设令人强志广娶,则家道离索,身事迍邅。内外亲知,共相嗤怪。凡今姑姊逢迎,必相劝以妒忌"。殿本"凡今"下,有"之人通无准节父母嫁女则教以妒"十四字。其下"必相劝以妒忌"句,无"妒"字。监本、汲古本及《魏书》均同。夫妒非美德。闺中儿女,容或有此戏谑之言。若父母以此训女,殊乖情理。似当以旧本为胜。

《李绘传》,"郡境旧有猛兽,民常患之。绘欲修槛,遂因斗死,咸以为化感所致。皆请申上,绘不听"。殿本"皆请申上绘"下,有"曰猛兽因斗而毙自是偶然贪此为功人将窥我竟"二十字。又《传》末"以此久而屈沈卒",殿本下有"赠南青州刺史谥曰景"九字。监本同。

《崔暹传》,"世宗欲假暹威势,诸公在坐,令暹高视徐步两人挈裾而入"。殿本"令暹"下,有"后通名因遇以殊礼暹乃"十字。监本同。

《王昕传》,"郑子默私谓昕曰,自古无朝士作奴,子默遂以昕言启显祖"。殿本"无朝士作奴"下,有"昕曰箕子为之奴何言无也"十一字。监本同。按此十一字却不可少。

《昕弟晞传》，"乾明元年八月，昭帝践阼，诏晞曰，何为自同外客，略不可见"。殿本"昭帝践阼"下，有"九月除晞散骑常侍仍领兼吏部郎中后因奏事罢帝从容曰比日"二十六字。监本、汲古本同。

《郑颐传》，"乾明初，拜散骑常侍。二人权势之重，与愔相埒"。殿本下有"愔见害之时邢子才流涕曰杨令君虽其人死日恨不得一佳伴颐后与愔同诏进赠殿中尚书广州刺史颐弟抗字子信颇有文学武平末兼左右郎中待诏文林馆"六十四字。监本、汲古本同。按此原文语气，却似未完。

《宋游道传》，"时将还邺，会霖雨，行旅拥于河桥。游道于幕下朝夕宴歌。行者曰，何时节作此声也。固太痴"。殿本"固大痴"下，有"游道应曰何时节而不作此声也亦大痴"十六字。又"游道每戒其子屯蹇，性自如此，子孙不足以师之。诸之奉父言，柔和谦逊。士素沈密少言，有才识，中书黄门侍郎"。殿本"每戒其子"下，有"士素士约士慎等曰吾执法太刚数遭"十五字。又"有才识"下，有"稍迁中书舍人赵彦深引入内省参典机密历"十八字。监本、汲古本同。

《尔朱文畅传》，"平秦王有七百里马，文略敌以好婢。赌而取之。明日平秦使文略弹琵琶，吹横笛，谣咏，倦极，使卧唱挽歌"。殿本"明日平秦"下，有"致请文略杀马及婢以二银器盛婢头马肉而遗之平秦王诉之于文宣系于京畿狱"三十三字。其下"使文略弹琵琶"句，无"使"字。监本、汲古本同。

右列各条，殿本所增补者均出于《北史》。其中仅有二条，原文却有脱漏，固以增补为宜。余则非所必需矣。

周 书

避周讳及唐讳

《文帝纪》,"魏恭帝元年四月,诏封太祖子讳为辅城公"。"讳"者"邕"字,武帝讳也。《孝闵帝纪》,"以大将军宁都公讳"。"讳"者"毓"字,明帝讳也。《武帝李皇后传》,"天元皇帝臣讳奉玺绶册"。"讳"者"赟"字,宣帝讳也。《柳庆传》,"宇文讳忠诚奋发"。"讳"者"泰"字。《苏绰传》,"柱国讳洎群公列将,罔不来朝"。又"柱国讳洎庶僚百辟,拜手稽首"。此二"讳"字,各本俱作"虎"。殿本《考证》据《北史》定为"泰"字,文帝讳也。又《武帝纪》,"建德二年六月壬子,皇孙行生,此为静帝。其讳曰衍"。以上例推之,此当作"皇孙讳生"。乃不作此语,而易为为字不成之"行"字,一似后世之阙笔者。自乱其例,殊不可解。

《文帝纪》,"魏永熙三年十一月,遣仪同李讳与李弼、赵贵等讨曹泥于灵州。讳引河灌之"。又"魏大统四年八月,开府李讳念贤等为后军。遇信等退,即与俱还"。又"及李讳等至长安,计无所出"。"讳"者皆"虎"字,唐高祖之祖讳也。《武帝纪》,"保定四年九月,封开府李讳为唐国公"。又"天和六年五月,以大将军唐国公李讳"。此二"讳"字,各本俱作"虎"。殿本《考证》定为"昞"字。不误。唐高祖之父讳也。

卷末疏语

眉山七史唯《周书》最罕见，存者皆三朝本。涵芬楼独藏其二。且宋刊之叶，尚存什之七八，已毁于兵火。余友潘博山以此见假。元明补版，多于涵芬藏本。版心虽已剜去，一望可识。然以余所见，此亦其亚已。卷末疏语，仅《传》第二十四存"右此卷内申徽陆通柳敏唐瑾传全与北史同"十八字，第二十五存"右此卷内杨荐王庆传全与北史同"十四字。疑不仅此二条，然无可考矣。

阙文可补

《贺兰祥传》，"祥有七子，敬、让、璨、师、宽，知名。敬，少历显职，封化隆县侯，后袭爵凉国公，位至柱国大将军华州刺史。让，大将军鄜州刺史河东郡公。璨，开府仪同三司宣阳县公"。各本此下，接"隋文帝与祥有旧，开皇初，追赠上柱国"。上文历举祥子五人之名，乃仅及敬、让、璨三人，而师、宽未及，戛然而止。明清覆刊，校者俱不之觉。今睹是本，乃知"宣阳县公"下，尚有六十六字。其文曰"建德五年，从高祖于并州。战殁，赠上大将军，追封清都郡公。师，尚世宗女，位至上仪同大将军、幽州刺史、博陵郡公。宽，开府仪同大将军、武始郡公。祥弟隆，大将军襄乐县公"云云。历举师、宽二人官职，与上文相应，文义乃完。其他增出之字尚多，兹不缕举。

大皇后非太皇后

《宣帝纪》,"大象二年二月癸未,立天元皇后杨氏为天元大皇后,天皇后朱氏为天大皇后,天右皇后元氏为天右大皇后"。三大皇后,殿本均作"太皇后"。按宣帝即位,当宣政元年闰月,即立妃杨氏为皇后。大象元年四月,又立妃朱氏为天元帝后。七月,又改天元帝后朱氏为天皇后,立妃元氏为天右皇后。又《列传》,"宣帝杨皇后,隋文帝长女;朱皇后,静帝之母;元皇后,开府晟之第二女"。是可知三氏皆宣帝之皇后。各加一"大"字者,隆以尊称而已。殿本称"太皇后",实误。

裨窟禅窟

《皇甫遐传》,"遐性纯至,少丧父,事母以孝闻。保定末,又遭母丧,乃庐于墓侧,负土为坟。后于墓南作一裨窟"。又云"裨窟重台两匝,总成十有二室"。按两"裨"字,当从"衣"旁。训附训小,盖遐于其母墓侧,穿一窟室,取土培墓,已即处于窟中,冀朝夕不离其母。是本从"衤"旁实误,而殿本均改为"禅窟"。按之本传,绝无于彼习佛参禅之意。盖"裨"、"禅"形近,遂因而致误耳。

龟兹国传讹字

《龟兹国传》,"赋税准地山之天田者则税银钱"句,语不可解。

各本乃易"山之天田"四字为"征租无田"。又"婚姻丧葬风俗物产与治封天白"句,亦必有误。各本乃易"治封天白"四字为"焉耆略同",固文从而字顺矣。然原本何以有此讹误,实莫测其由来。王安国等校上是书时,当必附有疏语。而今无存者,或失之耳。

明补本多讹字

涵芬藏本未毁时,余尝用校各本,其《校记》尚存。《宣帝纪》大象二年下,"每召侍臣谕议,唯欲兴造变革"。是本"谕议"作"论议"。《李欂传》,"四年卒于镇,赠恒朔等五州刺史"。是本无"赠"字。《王罴传》,"讨平诸贼,还授右将军西河内史"。是本"讨平"作"许平"。《卢辩传》,"性强记默识,能断大事"。是本"默识"作"默契"。《史宁传》,"宁随胜奔梁,梁武帝引宁至香磴前"。是本"香磴"作"香蹬"。《窦炽传》,"莅职数年,政号清净"。是本"清净"作"清静"。《陆通传》,"通从若干惠战于邙山,众军皆退"。是本"邙"作"芒"。《元定传》,"先是生羌据险不宾者,至是并出山谷从征赋焉"。是本"生羌"作"主羌"。《司马裔传》,"天和初,信州蛮酋冉令贤等反,连结二千余里"。是本"冉"作"舟"。《裴果传》,"子明弟子陵,司右中士帅都督凉州别驾"。是本无"士"字。《辛昂传》,"于是遂募开、通二州,得三千人,倍道兼行"。是本"开通"作"通开"。《庾信传》,"才子并命,俱非百年"。是本"非"作"飞"。又"硎穽摺拉,鹰鹯批攟"。是本"硎"作"州"。《扶猛传》,"猛率其众,据险为堡,时遣使微通饷馈而已"。是本"微通"作"征通"。以上讹字,均见是本明补之叶。聊记于此,以证旧本之可贵。

隋　书

元大德九路刊本

明黄佐《南雍志》："元江东建康道肃政廉访使以《十七史》艰得善本，从太平路学官之请，遍牒九路，令本路以两《汉书》率先，诸路咸取而式之。"按《元史》，建康道所辖九路：一、宁国，二、徽州，三、饶州，四、集庆，五、太平，六、池州，七、信州，八、广德，其九为铅山州，不称路，然直隶行省与路同。是本版心有"尧学路学番泮浮学乐平锦江初庵"等字。"尧"、"番"为"饶"、"鄱"之省文，"尧学路学"即饶州路学，"番泮"即鄱阳县学，"浮学"、"乐平"即浮梁、乐平二州学。盖某路承刊某史，又与其所属州县分任之。至"锦江"、"初庵"，皆书院名。锦江在安仁县，为宋倪玠讲学之所；初庵在德兴县，为邑人傅立号初庵者所设。元制，书院设山长，亦为朝廷命官，故与州县学同任刊刻之役也。

监本讹字

殿本是书据宋刻校勘，故讹脱视他史为少。然校刊官张映斗识语谓："宋本残缺，乃以监本为底本。"故有时不免为监本所误。

其地名如：

《高祖纪》下，"开皇十年六月癸亥，以浙州刺史元冑为灵州总管"。监本"浙州"作"浙江"。本书《地理志》下，"余杭郡"注"平陈置杭州"。当时并无"浙州"之名。至浙江则至明洪武时始有之。而《地理志》中，有"淅阳郡"，注"西魏置淅州，隋初未改郡，当仍其称"。此"浙"字必"淅"字之讹。殿本亦沿作"浙"。

《地理志》上，"西城郡统县黄土"。注"西魏置洧阳郡，后周改郡置县，曰黄土"。监本"洧阳"作"涓阳"。本书《地理志》中，"洧阳郡"注"西魏置蒙州，仁寿中改曰洧州"。《寰宇记》，"洧水在废洧阳县西一百步，自商州上津县来，东流注于汉"。是洧阳实以洧水得名，"涓"字实"洧"之讹。殿本亦沿作"涓"。

《张煚传》，"河间鄚人也"。监本"鄚"作"鄭"。本书《地理志》中，河间郡统县十三，有鄚县。隋有鄭州，属荥阳郡；有鄭县，属京兆郡，去河间均甚远。《旧唐书·地理志》，"河北道莫州，本瀛州之鄚县。开元十三年，以'鄚'字类'鄭'字，改为'莫'"。是"鄚"之讹"鄭"，由来已久。殿本亦沿作"鄭"。

《李密传》，"王世充引兵来与密决战，密留王伯当守金墉，自引精兵就偃师，北阻邙山以待之"。《旧唐书》纪此事，亦作"邙山"。监本"邙山"作"邛山"。《元和郡县志》，"北邙山在偃师县北二里"。此云"就偃师"，必为邙山无疑。监本作"邛"者，误于形似也。殿本亦沿作"邛"。

其人名如：

《律历志》中，张宾改历，刘孝孙等驳言其失，谓："《汉书》

武帝太初元年丁丑岁,落下闳等考定太初历"。又《天文志·浑天仪》篇,"落下闳为汉孝武帝于地中转浑天定时节"。监本"落下"均作"洛下"。《汉书·律历志》,"武帝元封七年,议造汉历,募治历者。方士唐都、巴郡落下闳与焉"。是"洛下"误也。殿本亦沿作"洛下"。

《王充传》,"有道士桓法嗣者,自言解图谶。"监本"桓"作"相"。《北史》、两《唐书·世充传》纪此事,均作"桓法嗣",不作"相法嗣"。盖"桓"为宋讳避缺末笔,元本亦往往沿之。监本作"相",盖误认也。殿本亦沿作"相"。

其官名如:

《礼仪志》六,纪文武冠服,《尚书都令史》节,"谒都水令史",监本作"谒都令史"。按"谒"为"谒者台","都水"为"都水台","令史"为二台属官,且上文有"尚书都令史"。谒者位卑,不当有都令史,必为"都水"无疑。监本既脱,殿本亦沿之。

《史祥传》,"进位上开府,寻拜蕲州总管。未几,征拜左领左右将军"。监本作"左领军右将军"。本书《百官志》,"左右领左右府,各大将军一人,将军二人"。曰"各一人、二人"者,必有左领或右领左右大将军、将军矣,且《独孤陁传》亦有"拜上开府右领左右将军"之语。此可证"左领左右将军"实有其官。监本疑叠见"左"字有讹,故削其一。殿本亦沿之。

《裴矩传》,"祖佗魏都官尚书",监本作"郡官尚书"。《魏书·官氏志》有列曹尚书。都官为列曹之一。《魏书》、《北史》本传,虽不言其曾官此职,然若以"郡"上属"魏"字,官下属"尚书"字为句,则更不成词,且魏官名无独用"尚书"二字者。监本失于前,殿本踵于后,误也。

特勤特勒

此二字聚讼纷纭,历久不决。

宋司马光《资治通鉴考异》:"突厥子弟,谓之'特勒'。诸书或作'特勤'。今从刘昫《旧唐书》及宋祁《新唐书》。"

元耶律铸《双溪醉隐集》自注:"和林城,苾伽可汗之故地也。岁乙未,圣朝太宗皇帝城此,起万安宫。城西北,有苾伽可汗宫城遗址;城东北,有唐明皇开元壬申御制御书《阙特勤碑》。阙特勤,骨咄禄可汗之子,苾伽可汗之弟也,名阙。可汗之子弟,谓之'特勤'。其碑额及碑文'特勤'皆是'殷勤'之'勤'字。唐新旧史,凡书'特勤',皆作'衔勒'之'勒'字。误也。诸突厥部之遗俗,犹呼可汗之子为'特勤'、'特谨'字也,则与碑文符矣。"

清顾炎武《金石文字记》:"《凉国公契苾明碑》,娄师德撰,殷元祚正书。此碑立于先天元年十二月,其中'特勤'字再见,皆'特勒'之讹。按《北史·突厥传》,'大官有叶护,次特勒'。《唐书按,此为《旧唐书》·突厥传》,'可汗者,犹古之单于。其子弟谓之特勒'。《回纥传》,'依托高车,臣属特厥,近谓之特勒,无君长'。《契苾何力传》,'父葛,隋大业中继为莫贺咄特勒'。《隋书·高祖纪》,'突厥雍虞闾可汗,遣其特勒来朝'。《李崇传》,'突厥遣使谓崇曰,若来降者,封为特勒'。史传中称'特勤'者甚多，此乃作'特勤'，又柳公权《神策军碑》，亦云'大特勤嗢没斯'。此皆书者之误。"

毕沅《关中金石记》："《凉国契苾明碑》，'唐时单于称可汗，其次谓之特勤'。柳公权《神策军碑》所谓'大特勤嗢没斯'者，是也。又或作'敕勤'，亦谓之'特勒'。今此作'勤'，与柳书同。字形相近，必有一误。按《北魏书》有'宿勤明达'，《北史》作'宿勒'，其误与此同。"

钱大昕《十驾斋养新录》："《突厥传》，'可汗者，犹古之单于，其子弟谓之特勒'。顾氏《金石文字记》历引史传史称'特勒'者甚多，而凉国公《契苾明碑》'特勤'字再见。又柳公权《神策军碑》亦云'大特勤嗢没斯'，皆书者之误。予谓外国语言，华人鲜通其义。史文转写，或失其真。唯石刻出于当时真迹，况《契苾明碑》，宰相娄师德所撰，柳公权亦奉敕书，断无讹舛。当据碑以订史之误，未可轻訾议也。"

宗室盛昱《阙特勤碑记》："右碑在三音诺颜之哲里梦。伯愚表弟访拓寄余，此元耶律文忠后第一拓本也。阙特勤建碑事，载新、旧《唐书·突厥传》。阙特勤以开元十九年卒。三月，明皇诏金吾将军张志逸、都官郎中吕向赍玺书吊祭，并为立碑。上自为碑文。仍立祠庙，刻石为象。四壁画其战阵之状。特以高手六人往。今碑云：'开元二十年七月七日建。'盖市石察书，非蕃人所习，亦须驿遣高手，故迟至一年有半也。以下引耶律铸《双溪醉隐集》自注，已见上文，不复录。今拓本正作'特勤'，知文忠之言不诬。'特勤'转为'特谨'，'特谨'又转为'台吉'。今蒙古呼王之子弟皆为'台吉'。'台'读若'太'，'吉'读若

'级'。太、特、级、谨,声固相通矣。"

盛昱又云:"'特勤'字,唐修《隋书》,五代、宋修《唐书》,凡数百见,无不作'勒'。"然此元刊《隋书》,殊不尽然。《李崇传》,"突厥欲降崇,遣使谓之曰:'若来降者封为特勤。'"又《西突厥传》,"其国立鞅素特勤,是谓泥利可汗。"之二条"特勤"之字,皆作"殷勤"之"勤",而不作"衔勒"之"勒",盖前人之所未见者也。今所选宋刻新旧《唐书》,阙特勤建碑事,亦均作"特勒"。然《张长逊传》,"及天下乱,遂附于突厥,号长逊为割利特勤",又《襄武王琛传》,"始毕甚重之,赠名马数百匹,遣骨咄禄特勤随琛贡方物",又《李大亮传》,"北荒诸部相率内属,有大度设、拓设、泥熟特勤及七姓种落等尚散在伊吾"。此皆见于明闻人诠本,其字犹有未尽误者。余窃推其致误之由:钱氏谓"外国语言,华人鲜通其义"。其说固当。然观于温公《考异》诸书云云,及娄、柳二氏所书之碑,当时于此二字,固未有全作"勒"者。上文所举《隋》、《唐》二书诸条,亦未尝不"勤"、"勒"互见。传刻之时,同一不通其义,何以独取"勒"而不取"勤"?盖蕃语多卷舌音,故频用"勒"字。隋、唐诸书,种名如"敕勒"、"铁勒"、"突骑施乌质勒",地名如"疏勒"、"咥勒儿"、"钵卢勒",人名如"安西庞勒"、"葛勒阿波",已为读者所习见。校刊之时,遂不免以此例彼,意为去取。而"勒"字日见其多,"勤"字日见其少,即偶有留遗,必犹是沿袭旧本,未为校刊者所注意,故得为硕果之存。钱氏谓:"史文转写,或失其真。"指为无心之过者。余窃恐未尽然也。《阙特勤碑》为明皇御制御书,耶律铸既以"特谨"之音互印于前,盛昱复以"台吉"之称申证于后,余更以隋、唐诸书仅存之数字为之证补。此字争端,庶可定矣。

𫜔衣

《礼仪志》六,"皇后衣十二等",其翟衣有六,"采桑则服𫜔衣",注"黄色"。诸公夫人、诸伯夫人、诸子夫人、三妃、三公夫人均服此衣。故"𫜔"字凡七见。是本惟"诸公夫人"节误作"忄"旁,余皆不误。监本则全作"𫜔"。《尔雅·释鸟》,"𫜔,雉。"郭璞注:"黄色,鸣自呼。"与本书注正同。皇后翟衣六:"𫜔衣外有翚衣",注"素质五色";"有褕衣",注"青质五色";"有鷩衣",注"赤衣"按,"衣"为"色"之讹;"有鵫衣",注"白色";有"翙衣",注"玄色"。五者皆以雉文为饰,故称翟衣。《尔雅》,"素质五采皆备成章曰翚,青质五采皆备成章曰鷸"。又"鷩雉",注"似山鸡而小冠,背毛黄,腹下赤,项绿色鲜明"。"鵫雉",注"今白鹁也,江东呼白鹁,亦曰白雉"。"秩秩海雉",注"如雉而黑,在海中山上"。其色泽与是书所注全合。是"𫜔"之当从"卜"旁,毫无疑义。是本误者一,而未误者六。校刊监本者,见旧本互有异同,以"卜"旁之字罕见,遂不问上下文之意义及其字之有无,而昧然尽改为"忄"旁。至武英殿开版,一仍旧贯,而"𫜔"字遂从此湮灭矣。

南 史

元刊序

　　此为元建康道九路刊本,卷首有刊书序,凡四叶,中阙一叶,各家藏本皆同,以为无可访补矣。江安傅沅叔在《永乐大典》中觅得之,录以见示。今载其全文如左:

　　《南史》所载宋、齐、梁、陈《本纪》十卷,《列传》七十卷,李延寿撰述之笔详矣。仆请絜而言之:宋高祖讨桓玄,除晋孽,自尔骨肉相残。七传为齐太祖所灭。齐兴,仅二十四年,东昏、和帝废弑之祸酷烈。梁武受禅,轻纳侯景,结怨东魏,疆埸沦亡,子孙被其弑逆,国祚易而为陈。传四帝而后主无道,纳隋叛降,竟为隋俘,天下混一归于隋。吁!四朝代谢不过一百七十三年。彼享国修短,废兴治乱之迹,史臣述之,垂世鉴戒。一开卷间,瞭然在目,览之者鲜不惕然于心。较之唐尧在位七十载,周家传祚八百六十有七,天壤差殊。静言思之,固虽气运使然,亦岂智力之所可恃。孔子曰:"道二,仁与不仁而已矣。"《诗》云:"殷鉴不远,在夏后之世。"诚哉是言也。今江东幸甚,际遇绣衣部使者,拜都廉使暨宪府诸公勉励一道儒学,分刊《十七史》。桐川偶得《南史》,以学廪不敷,劝率诸儒摹匠锓梓。时重其事,荷郡侯吕公师皋提纲于先,继蒙郡同知张公云翼偕僚属振领于后,遂成此书。江左后学,感廉使嘉惠之德不浅也。蜀人鬷东寅忝郡文学,黾勉与力,因喜书成,传之永久,与天下览者共之。故僭为引笔,序其颠末云。大德丙午立夏,拜手谨书。

写刊人名

是本版心不记刊板地名,惟《梁·纪》第八第一叶鱼尾下,有"古杭占闾";《传》第三十一第十八叶,有"古杭良卿刊"等字。第七十末叶版心下,题"桐学儒生赵良粲谨书"、"自起手至阁笔凡十月"小字二行。先是刊书序阙第三叶,未知为桐川,故以上文"古杭"推之,疑为桐庐。但建康道九路所属县州,亦无名桐川者。按《清一统志》,广德州属,有桐水,在州西少北,流经建平县南,在元之广德路境。又广信府属,有桐木水,在铅山县南,源出福建崇安县界。在元之铅山州境,有桐源书院,在今贵溪县。贵溪与铅山为邻。以《隋书》及《北史》刊地例之,此当以铅山为近。按元太平路刻《汉书》儒学教授孔文声跋,有"致工于武林"之语。宋南渡后,杭州刻书甚盛,即遭鼎革,良工犹存。以意度之,是占闾、良卿二人,必至自武林之匠役。写官赵氏,或同时与之偕来也。

袁刘袁邓

宋帝《九锡文》,"乃者袁、刘构祸,实繁有徒。"袁、刘二人,王鸣盛举晋陵太守袁标、义兴太守刘延熙以当之。是本"袁刘"作"袁邓"。按本史《宋本纪》下,"泰始元年十二月,江州刺史晋安王子勋举兵反,镇军长史袁颛赴之。邓琬为其谋主"。宋本《宋书》作"刘琬",实误。殿本《考证》谓"无其人"。若袁标、刘延熙者,不过后来响应之辈,且与袁、刘同时举兵者,尚有顾琛、王昙生、程天祚诸人。《九锡文》赞扬齐帝功业,必以戡除祸首为言,断无遗首举从之理。是本作"袁、邓",当不误也。

冶为系囚之所

《江祏传》,"祏等既诛,帝恣意游览,单骑奔驰,谓左右曰:'祏常禁吾骑马。小子若在,吾岂能得此?'因问祏亲亲余谁。答曰:'江祥,今犹在也。'乃于马上作敕,赐祥死"。各本皆同。是本作"今犹在冶",不作"在也"。按本史《梁武帝纪》,"东昏闻郢城没,乃为城守计,简二尚方二冶囚徒以配军"。《始安王遥光传》,"遥光欲以讨刘瑄为名,夜遣数百人破东冶出囚,尚方取仗"。《晋安王子懋传》,"子懋既被害,其故人董僧慧为王玄邈所执。僧慧请俟主人大敛毕,退就汤镬。玄邈义之,具白明帝,乃配东冶"。《文学·卞彬传》,"永明中琅邪诸葛勖为国子生,坐事系东冶,作《东冶徒赋》"。综上文所言,是"冶"者实为当时絷系囚徒之所。江祏既诛,其弟祥必以亲属系狱。左右答东昏问,谓"今犹在冶"者,犹言今尚在狱中也。若仅言其人犹在,则必先事追捕,又安能即于马上作敕赐死乎?诸本作"在也",实误。

述职

《兰钦传》,"改授都督衡州刺史,未及赴职",下文"诏加散骑常侍,仍令赴职",监本、殿本同。是本两"赴职"字均作"述职"。按本史《张缵传》,"改为湘州刺史,述职经途,作《南征赋》"。《孙谦传》,"宋明帝以为巴东、建平二郡太守,郡居三峡,恒以威力镇之。谦将述职,敕募千人自随"。此"述职"二字,虽与《孟子》"诸侯朝于天子"之义有所不合,然自是当时通行之语。汲古本亦作"述",不作"赴",且张缵、孙谦二传,诸本均仍其原文,则《兰钦传》之作"赴职",必为后人窜改。

太子仆非仆射

《昭明太子传》,"始兴王憺薨,旧事以东宫礼绝傍亲,书翰并依常仪,太子以为疑,命仆射刘孝绰议其事"。各本同。是本作"仆刘孝绰",无"射"字。按下文《太子令》,亦言:"刘仆议云:'傍绝之义,义在去服。'"云云,并不称"刘仆射"。孝绰本传:"为太子仆,掌东宫管记。"《梁书》本传,亦言"先后为太子仆"。考其历官,未至仆射。诸本言"仆射"者,误也。

齐武帝非梁武帝

《孝义·江泌传》,"乘牵车至染乌头,见一老公步行,下车载之,躬自步去。梁武帝以为南康王子琳侍读"。各本同。是本"躬自步去"下,"武帝"上,作"染",不作"梁"。按本史《梁武帝诸子传》,有南康简王绩,而无子琳其人。子琳实为齐武帝第十九子,见《齐武帝诸子传》。《齐书·江泌传》亦言:"世祖以为南康王子琳侍读。"且"染"为上文"染乌头"之省文,"步去"下缀此一字,于文义亦较完足。校者偶未省察,疑"染"字为不文,任改为形近之"梁"字。诸本沿之,而子琳遂永谓他人父矣。

方等传文字未蚀

《元帝诸子·忠壮世子方等传》,"及至麻溪,军败溺死。方等之死,元帝闻之心喜,不以为戚"。是本作"军败溺死,求尸不得"。上句既云"溺死",下句又云"方等之死",意嫌复沓。又下文有"招魂以葬"之语,实与"求尸不得"相应。此句适在本叶边行,余尝见一本,此四字微有磨蚀之迹。是必覆刻之时,所据之本,此四字已损灭无存,遂任以他字补之耳。

北 史

信州路刊本

　　此亦元大德九路刊本之一，版心有"信州路儒学"、"信州路学"、"信州学"、"本学府学"、"州学路学"、"象山书院"、"稼轩书院"、"蓝山书院"、"道一书院"、"玉山县学"、"永丰县学"、"弋阳县学"、"上饶县学"、"贵溪县学刊"等字。细黑口，鱼尾上下间记字数及刻工姓名。校正者，有周已千、孙粹然、方洽、周益、周之冕、陈华、郑道宁、王烈、杨燧、陈志仁诸人，署名卷末，一人至四人不等。

集庆路刊本

　　是本行款与前书合，校正人名亦同，惟增孙㺢然一人。然非覆刻前本。以某人校某卷，与前书不尽合也。版心无刊版所在地名。上下阔黑口，亦间记刻工姓名。明《南雍志·经籍考》载，《北史》一百卷，存者二千六百七十六面，缺四十五面。本集庆路儒学梓，或即此本欤？又《隋书》、《南史》亦均有集庆路儒学梓本，均见《金陵新志》。此三史，集庆路殆据九路本同时各重刻一部也。

多存古字

王鸣盛谓："南北各书，既多别体。李延寿全不知小学，仍讹踵谬，触目皆是。今观《北史》，如以'愆'为'僁'，以'验'为'骒'，原注见《长孙晟传》，按《晟传》'谨验兵书'句，是本并不作'骒'。以'锁'为'櫃'，以'几'为'机'，以'算'为'筭'，以'杀'为'煞'，以'投'为'透'，字体不正如此。"又云："亦有俗书已误而此尚存古者，如以'厢'为'箱'，以'擒'为'禽'，以'赈'为'振'，以'馁'为'餒'。"然以余所见，尚不止此。如时本：

《纪》第三《魏孝文纪》，"帝潔白有异姿"。《列传》第七《彭城王勰传》，"清规懋赏，与白云俱潔"。是本两"潔"字均作"絜"。

《纪》第七《齐孝昭纪》，"又命开府长流参军刁柔代之"。《传》第二十《崔孝芬传》，"与大都督刁宣往救援"。是本两"刁"字均作"刀"。

《纪》第十《周宣帝纪》，"四皇后及文武侍卫数百人并乘驿以从"。《传》第七《赵郡王干传》，"灵太后遣游击将军王峥驰驿喻之"。是本两"驿"字均作"馹"。

《纪》第十二《隋炀帝纪》，"近臣互相掩蔽，皆隐贼数，不以实对"。《传》第八十五《西域传》，"暨魏晋之后，互相吞灭"。是本两"互"字均作"乐"。

《传》第三《武卫将军谓传》，"臣哉邻哉邻哉臣哉"。是本四"哉"字均作"才"。

《传》第四《广阳王建传》,"异端讼臣缉缉翩翩,谋相诽谤"。是本作"偏偏",不作"翩翩"。

《传》第七《赵郡王干传》,"坐殴其妃免官"。第十三《古弼传》,"以手搏其耳,以拳殴其臂"。是本两"殴"字均作"欧"。

又《彭城王勰传》,"乃夜进安车于郡厅事"。第五十六《豆卢勣传》,"有白乌飞上厅前"。是本两"厅"字均作"听"。

《传》第九《崔浩传》,"宜分军隐山掩击不意"。又"臣观天文,比年以来,月行掩昴"。是本两"掩"字均作"奄"。

《传》第二十《崔说传》,"少有气概,膂力过人"。是本作"旅",不作"膂"。

《传》第二十二《游明根传》,"如闻贼将屡以宿豫,求易朐山"。第四十七《李询传》,"屡以军功加位大将军"。是本两"屡"字均作"娄"。

《传》第二十四《薛端传》,"梁主萧察曾献玛瑙锺"。第四十一《鲜于世荣传》,"及周武帝入代,送玛瑙酒锺与之"。是本两"玛瑙"字,一作"马瑙",一作"马腦"。

《传》第二十九《杨穆传》,"弟俭位北雍州刺史,政尚宽惠"。又《杨文恩传》,"后为魏州刺史,甚有惠政"。是本两"惠"字均作"慧"。

《传》第三十一《李平传》,"愉天迷其心,构此枭悖"。第六十二《裴蕴传》,"源其情意,深为悖逆"。是本两"悖"字均作"勃"。

《传》第三十二《崔光传》,"枭鹏鸣于宫寝"。第八十一《萧詧传》,"七年冬有鹏鸟鸣于寝殿"。是本两"鹏"字均作"服"。

又《崔光传》，"一食之费，容过斤溢"。是本作"溢"，不作"镒"。

《传》第三十三《傅永传》，"能手执鞌桥，倒立驰骋"。第七十七《李顺兴传》，"以布衣倒覆身上。"是本两"倒"字均作"到"。

《传》第四十九《王谊传》，"然性怀险薄"。第五十四《泉仚传》，"前途夷险，抑未可知。"是本两"险"字均作"俭"。

《传》第五十九《秦王俊传》，"但费官物营廨舍而已"。是本作"解"，不作"廨"。

又《越王侗传》，"化及枭獍为心，禽兽不若"。第六十七《传论》，"枭獍凶魁，相寻荐戮"。是本两"獍"字均作"镜"。

又《传论》，"棠棣之诗徒赋，有庳之封无期"。是本作"鼻"，不作"庳"。

《传》第六十三《元岩传》，"权佇王室，以为磐石之固"。是本作"盘"，不作"磐"。

《传》第七十一《颜之仪传》，"我求才子，鲠慰良深"。是本作"尉"，不作"慰"。

《传》第七十九《列女传》，"图像丹青，流声竹素"。是本作"象"，不作"像"。

又《谯国夫人洗氏传》，"遣使执暄繋州狱"。是本作"係"，不作"繋"。

《传》第八十一《慕容氏传》，"时河冰未成，宝谓帝不能渡"。是本作"度"，不作"渡"。

《传》第八十三《蛮獠传》，"伯犁等悦，遂为嚮导"。是本作"鄉"，不作"嚮"。

凡此皆古字之仅存者。王氏于所举四字后，指为偶合，谓"未必因识字能如此"云云。然余于王氏所举外，又检得二十余字，似不能尽谓为偶合也。

金造远与象州逆均沿旧误

《传》第四十二娄昭之子《定远传》，"穆提婆求其伎妾，定远不许。因高思好作乱，提婆令临淮国郎中金造远阴与思好通"。王氏谓："案《北齐书》作'郎中令告定远'云云。《北史》误以'令'为'金'，'告'为'造'，而又脱'定'字，遂似有一郎中姓金名造远者。"是本亦误作"金造远"。又第七十八《何稠传》，"稠至五更掩及其洞，悉发俚兵以临余贼。象州逆州开府梁昵讨叛夷罗寿罗州刺史冯暄讨贼帅杜条辽罗州逆帅庞靖等相继降款分遣建帅李大檀并平之"。王氏谓："'象州逆'下，刻本讹舛。当移'帅杜条辽'至'分遣建'十八字属于下，而接以'州开府'。"云云。案《隋书·稠传》，与王氏之言相合。是本错简，正如所指。盖其误由来久矣。

锡衰

《传》第六《安定王休传》，"及薨至殡，车驾三临，帝至其门，改服裼衰"。《魏书》本传作"裼衰"，是本作"锡衰"。按《周礼·春官·司服》，"王为三公六卿锡衰"。郑司农云，"锡，麻之滑易者。十五升去其半。有事其布，无事其缕"。

景午景子

《传》第二十《崔仲方传》,"仲方上书论取陈三策云:'至今开皇六年,岁次庚午,合三百七载。'又云:'陈氏草窃,起于庚子。至今庚午,又子午为冲阴阳之忌。'"钱氏《考异》云:"开皇六年,岁在丙午。唐人避'丙'称'景午'。"又云:"陈武帝以丙子岁自为丞相录《尚书》事。明年受禅。此庚子庚午亦景子景午之讹。"是本作"景午景子"。

时本多阙文

明监本、武英殿本,本史颇有阙文。即汲古阁本校勘较慎,亦所不免。如:

《纪》第五《魏孝庄纪》,"永安二年秋七月,以柱国大将军太原王尔朱荣为天柱大将军"下,是本多"癸酉临颖县卒江丰斩元颢传首京师甲戌以大将军"二十一字。按此条汲古阁本不阙。

《传》第三《魏宗室·元丕传》,"燕州刺史穆黑论移都事臣闻黄帝"下,是本多"都涿鹿古昔帝王不必悉居中原帝曰黄帝"十七字。

《传》第六十九《刘献之传》,"献之语诸从学者傥不能然虽复不"句,是本"复不"二字作"复下",以下多"帷针股躐屩从师正可博闻多识不过为土龙乞雨眩惑其于"二十四字。

《传》第八十《和士开传》,"士开说武成以国事分付大臣于是委赵彦深"下,是本多"掌官爵元文遥掌财用唐邕掌外兵白建掌骑兵冯子琮胡长粲"二十五字。

又《韩凤传》纪段孝言监造晋阳宫事,"见孝言役官夫匠自"下,是本多"营宅即语云仆射为至尊起台殿□未讫何用先自营造凤及穆提婆"二十六字。

旧　唐　书

宋刻残本

石晋时刘昫等奉敕撰，原称《唐书》。自欧、宋重修本出，始以"旧"字别之。铁琴铜剑楼瞿氏藏宋刻残本，存《志》第十一至十四、第二十一至二十五、第二十八至三十，《传》第十五至二十八、第三十八至四十七、第五十至六十、第七十八至八十三、第一百十五至一百十九、第一百二十九至一百三十四、第一百四十下至一百四十四上，凡六十七卷，又子卷二卷。卷末题"左奉议郎充绍兴府府学教授朱倬校正"者十五卷，题"右文林郎充两浙东路提举茶盐司干办公事霍文昭校勘"者九卷，同上衔"苏之勤校勘"者二十四卷，题"左从政郎绍兴府录事参军张嘉宾校勘"者六卷，同上衔"徐俊卿校勘"者六卷。案《宋史·朱倬传》，倬与丞相秦桧忤，出教授越州。是书题"倬校正"，当为南宋初年刊本。

闻人诠刻本

《旧唐书》自南宋初年刊行后，越四百年，至明嘉靖，始有重刊之举。校刊者余姚闻人诠，同校者嘉兴沈桐。卷首有闻人诠、杨循吉、文徵明三序。闻人序云："酷志复刊,苦无善本。弭节姑苏,穷搜力索。吴令朱子遂得《列传》于光禄张氏,长洲贺子随得《纪》、《志》于守溪公。遗籍俱出宋时模板。督同苏庠,严为校刻。肇事于嘉靖乙未,卒刻于嘉靖戊戌。"文序云："是书尝刻于越州,卷后有教授朱倬名。沈子仅得旧刻数册,较全书才十之六七。于是遍访藏书之家,残章断简,悉取以从事。校阅惟审,一字或数易。历数寒暑,乃就厥绪。"按宋刻每半叶十五行,行二十五字。嘉靖覆刻,行数相同。特每行增多一字。

宋刻明刻之异同

《志》第十四《历》三,"求九服所在每气蚀差"节:

宋刻本	明刻本
并二率半之六而一为夏率二率相减六一为差置总差六而一为气半气差以加夏率又以总差减之为冬率冬率即是冬至之率也每以气差加之各为每气定率	并二率半之六而一为夏总差减之为冬率冬率即是冬至之率也每以气差加之各差以加夏率又以率二率相减六一为差置总差六而一为气半气为每气定率

《志》第二十一《地理》四,"广州中都督府"节:

宋刻本	明刻本
其年又以义宁新会二县立冈州今督广韶端康冈杂药陇窦义雷循潮十四州永徽后以广桂容邕	其年又以有经略军管镇兵五千四百人其衣粮轻税本道以自给广州刺史充岭南五府经

宋刻本	明刻本
安南府皆隶广府都督统摄谓之五府节度使名岭南五管天宝元年改为南海郡乾元元年复为广州州内有经略军管镇兵五千四百人其衣粮轻税本道以自给广州刺史充岭南五府经略使	略使天宝元年改为南海郡乾元元年复为广州

《传》第一百四十六《李白传》：

宋刻本	明刻本
天宝初客游会稽与道士吴筠隐于剡中既而玄宗诏筠赴京师筠荐之于朝遣使召之与筠俱待诏翰林白既嗜酒日与饮徒醉于酒肆	天宝初客游会稽与道士吴筠隐于剡中既嗜酒日与饮徒醉于酒肆

闻、沈刻是书时，所据宋本原有残缺。沈氏附识，惠借藏书者陈沂、王延喆、王穀祥、张汴四人，皆吴中藏书之家。是本钤有"绍兴府镇越堂官书印"者数卷，当时必尚奔藏越中。闻人氏近在咫尺，惜竟未能访及。遂有"校阅惟审，一字数易"之语。故不能尽与宋本合也。

殿本无异重修

沈德潜校刊殿本跋语曰："姚江闻人诠视学江南，遍访遗籍。残编断简，汇而成帙。其书复行于世。然《志》多阙略，《表》全散轶，且《纪》《志》中多前后讹舛之文，不能复还其旧也。臣等奉敕校勘,合之《新书》以核其异同,征之《通鉴纲目》以审其裁制,博求之《通典》、《通志》、《通考》与夫《英华》、《文粹》诸书,以广其参订。"又曰:"参错者更之,谬误者正之。其辞义可疑而无从证据者,俱仍原文,凡以存阙文、阙疑之意也。"似此殆无异于重修。故有宋、明二本俱无其文,而独见于殿本者。且以文义观之,有时且似转胜于旧本也。清道光中扬州罗士琳、刘文淇辈,尝校明刻是史,以欧、宋未修《新书》以前宋人所撰之书为之考证。其异于今之殿本者,往往转与《太平御览》、《册府元龟》、《元和郡县志》、《太平寰宇记》、《唐会要》诸书相合。然则清代重修之本,抑犹有未可尽信者矣。

殿本阙文

德潜所言,校刊似极审慎,即有与明本不尽合者,宜亦必详加考订而后下笔矣。然疏忽之处,仍所不免。如:

《志》第九《音乐》二,"制氏在太乐能记铿锵鼓舞河间"下,夺"王著乐记八佾之舞与制氏不甚相远又舞八佾之明文也汉仪云"二十六字,适当明本一行。是盖写录之时,漏观本行,致将前行与后行误接。

又"高宗成蓬莱宫充庭七十二架"下,夺"武后迁都乃省之皇后庙及郊祭并二十架"十七字。是必误认"七十二架"字为"十二架",故径与下文"同舞八佾"接。

《志》第十七,五行,"洛水泛溢坏天津桥漂流居人庐舍溺死者数千人三年"下,夺"夏山东河北二十余州大旱饥馑死者二千余人 景龙二年正月"二十五字。亦适当明本一行。

《志》第二十一《地理》四,"戎州中都督府"节,"以处生獠也"下,夺"戎州都督府羁縻州十六武德贞观后招慰羌戎开置也"二十二字。亦适当明本一行。

《传》第一百三十五下《袁滋传》,"行及中路拜检校吏部尚书平章事剑南西川节度使"下,夺"贼兵方炽滋惧而不进贬吉州刺史俄拜义成军节度使"二十二字。是必误认上"节度使"三字为下之"节度使",故径与下文"百姓立生祠祷之"接。

《志》第一百四十九上《高丽传》,"因下马再拜以谢天延寿"下,夺"惠真率十五万六千八百人请降太宗引入辕门延寿"二十一字。是亦必误认上"延寿"二字为下之"延寿",故径与下文"等膝行而前"接。

右列六条,明本并无脱漏。馆臣覆校,竟未检得。此亦德潜郑重申明之时所不及料者也。

叛换　进旨　即目　条流

《传》第十六《房玄龄传》,"高昌叛换于流沙,吐浑首鼠于积石"。第三十四《裴行俭传》,"吐蕃叛换,干戈未息"。第九十九《归崇敬传》,"以两河叛换之徒,初禀朝命"。此"叛换"二字,殿本均改作"叛涣"。

《纪》第十一《代宗纪》,"其天下见禁囚,死罪降从流,流已下释放,左降流人移隶等,委司奏听进旨"。《传》第一百十五《温造传》,"即合待罪朝堂,候取进旨"。第一百四十下《吴通玄传》,"天子召集贤学士于禁中草书诏,因在翰林院待进旨,遂以为名"。此"进旨"二字,殿本均改作"进止"。

《传》第一百二十九《张濬传》,"张濬所陈,万代之利也;陛下所惜,即目之利也"。第一百三十二《高骈传》,"逆党人数不多,即目弛于防禁"。此"即目"二字,殿本均改作"即日"。

《传》第二十七《崔玄义传》,"兼采众家,皆为解释,傍引证据,各有条流"。第一百十五《柳公绰传》,"乃下中书条流人数,自是吏不告劳"。又《柳仲郢传》,"武宗有诏减冗官。吏部条流,欲牒天下州府取户额官员"。此"条流"二字,殿本均改作"条疏"。

右列诸字,宋、明刻本均同。校刊殿本者不过以其罕用,疑有讹误,遂易以形近之字、习见之词。然未免蹈窜乱古书之弊。

钱氏考异有异字

钱大昕精于史学,其所撰《廿二史考异》论本书《地理》者,"关内道凤翔府"下"改雍州为凤翔县"句,谓"'州'字衍"。而明本实作"雍县",不作"雍州"。又"河南道河南府"下"领洛郑熊穀嵩管伊汝管"句,谓"两'管'字必有一误"。而明本实作"伊汝鲁",不作"伊汝管"。又"郓州"下"天宝元年改为河阳郡"句,谓"'河阳'当为'济阳'之讹"。而明本实作"济阳",不作"河阳"。又"棣州"下"厌次汉当平县"句,谓"'当平'盖'富平'之讹"。而明本实作"富平",不作"当平"。以上均见《志》第十八。又"山南道利州"下"汉葭萌县地属为汉寿县"句,谓"'属'当作'蜀'"。而明本实作"蜀",不作"属"。见《志》第十九。钱氏多读异书,断无不见闻、沈刻本之理。而兹二卷者,以上文所言证之,则似为其所未睹,殊不可解。

殿本订正错简有小误

《纪》第十一，第十六至十八叶，第二十至二十二叶，明本均有错简，经殿本订正。惟"永泰四年秋七月，癸未诏"下至"理之代"上，殿本增"以天下刑官滥刑"七字。按上文三月壬申省减吏员诏，并不先著理由。今增七字，恐非原文。又五年，"二月戊戌李抱玉"下，应接"移镇垫屋"。按原文"移镇"上有"凤翔"二字，殿本删去。窃谓此二字不当删。其上且似脱一"自"字。盖抱玉原为凤翔节度使，因改充山南西道节度使，故移镇垫屋。若无此"自凤翔"三字，则下文"凤翔军忿发"云云，转似无根。又八年春，"甲子_{上文似脱'二月'二字}御史大夫李栖筠弹吏部侍郎徐"下，殿本旁注"阙字"。其下接"丁卯幽州节度使朱泚加检校户部尚书封怀宁郡王"。其下又接"徐浩、薛邕违格并停知选事"。按《徐浩传》，浩为吏部侍郎，坐以妾弟冒选托侍郎薛邕注授京尉，为御史大夫李栖筠所弹。上文"怀宁郡王"下，有"徐浩、薛邕违格并停知选事"句。是李栖筠所弹者，必即其人其事。窃以为"李栖筠弹吏部侍郎徐"下，宜与"徐浩、薛邕"云云相接，于事方合，特衍一"徐"字耳。殿本插入"丁卯幽州"云云二十一字，似有未惬。

《志》第一，第六至十六叶，明本有错简，亦经殿本订正。惟殿本《考证》云："'自是五精之神五星所奉矣'下，应接'以其是人主之象'云云。原本'以'字讹矣，下误接'其又以五方帝五帝五官从祀'云云，共误二千三百余字。"今查自"五方帝"至"百寮会议"，实有三千五百字。又云："'以睿宗配'下，应接'其五方帝五人帝五官从祀'。原本误接'太常博士独孤及献议'共三千三百余字。"今查自"太常博士独孤及献议"至"有司之过也",实只一千九十八字。又云:"'诏百寮会议'下应接'太常博士独孤及献议'至末,原本误接'天是人主之象'云云,共四千二百余字。"今查自"以其是人主之象"至"以睿宗配",实有四千五百六字。

唐　书

宋小字本

天禄琳琅有《唐书》，行密字整，结构精严。于仁宗以上讳及嫌名，定为嘉祐奉敕所刊之本。有李安诗、梅谷、树德堂诸印。《仪顾堂题跋》："宋本《新唐书》，每半叶十四行，行二十五字。中有会稽李安诗题语，并有梅谷、树德堂印。"此必一书析而为二。陆氏藏本今已流出海外。曩岁至静嘉堂观书，乞假景印。中缺各卷，以为天禄琳琅本必可牉合。诇访之故宫，书已无存。北平图书馆亦有同式之本，然所存卷帙尤少。

未几上海书肆以一残宋本来，云是商邱宋氏故物，亦小字本也。半叶十六行，行三十字左右。宋讳避至高宗止。字细如发，笔致劲秀，镌印俱佳。余为傅沅叔作合，今入于双鉴楼矣。同为密行细字，可与陆本相配，然仍有短阙。因以南宋闽本足之。

南宋闽本

是书先为缪艺风所藏。半叶十行，行十九字。目后有"建安魏仲立宅刊行"木记。宋讳亦避至仁宗止。艺风定为出自北宋，刊于南宋。其后归于余友刘翰怡。翰怡畀余景印。版刻绝精,展阅不忍释手。惜阙去四十余卷,无从补配,故难印行。

时本阙文可补

北宋小字本可补时本阙文甚多。如:

《地理志》第二十八,陕州陕郡夏县注下,比时本多"芮城"二字及注"望武德二年以芮城河北永乐置芮州贞观元年州废以永乐隶鼎州芮城河北来属"三十三字。

《艺文志》第五十,"《卢受采集》二十卷"下,多"王適集二十卷乔知之集二十卷"十三字。"《崔液集》十卷《张说集》"下,多"二十卷苏颋集"六字。

《宰相表》上第一,"贞观四年二月甲寅珪为侍中"节下,多"七月癸酉瑀罢为太子少傅"一行。

又《表》下第三,"乾符元年十一月彦昭为门下侍郎"节,"畋为中书侍"下,多"郎兼礼部尚书携为中书侍郎"十二字。

何诘何止

《传》第一《则天顺圣皇后武氏传》,"凡言变,吏不得何诘"。又《上官昭容传》,"是时左右内职皆听出外,不何止"。两"何"字时本均作"呵"。按《史记·秦本纪》,太史公引贾生之言:"陈利兵而谁何。"如淳注:"何,犹问也。"是当作"何",不作"呵"。

放命

《传》第二十六《萧复传》,"又言陛下厥初清明,自杨炎、卢杞放命,秽盛德播"。又第二十八《韦云起传》,"因劾奏内史侍郎虞世基、御史大夫裴蕴,怙宠放命"。两"放"字时本均作"妨"。按《尚书·尧典》"方命圮族",孔《疏》,"郑王以'方'为'放',谓放弃教命。"是"放"字当不误。

鬻纸

《传》第一百十七《张巡传》,"士日赋米一勺,龁木皮鬻纸而食"。时本"鬻"字作"鬻"。按"鬻"即"煮"字,见《周礼》,此正与上文"龁木皮"相应。时本作"鬻",实因形似而讹。

何国

《传》第一百四十六下《康传》,"东安,或曰小国,曰喝汗,在那密水之阳,东距何二百里许"。时本"东距何"作"河"。按上文"枝庶分王,曰安,曰曹,曰石,曰米,曰何,曰火寻,曰戊地,曰史"。是"何"为一小国名,不当作"河"。时本实误。以上四则均见北宋小字本。

霜俭

《传》第二十三《马周传》,"往贞观初,率土霜俭"。按《纪》第二

《太宗纪》,"贞观元年八月,河南、陇右边州霜"。又《五行志》第二十六"贞观元年秋,霜杀稼,又三年,北边霜杀稼"。又《传》第二十六《魏徵传》,"徵上十渐疏,亦言贞观初频年霜旱"。又《旧书·太宗纪》贞观元年,亦云"是月,关东及河南、陇右沿边诸州霜害秋稼"。是"霜俭"云者,谓因霜而岁俭。时本易为"荒俭",盖以"霜俭"二字较生,故臆改耳。

趣虎牢者秦王非窦建德

《传》第二十五《封伦传》,"初,窦建德援洛,王将趣虎牢。伦与萧瑀谏不可"。按《窦建德传》,"武德四年,建德发兵三十万救世充,壁成皋东原,筑营板渚,遣使与世充约期。又遗秦王以书。三月,王进据虎牢"。《伦传》所称"建德援洛"者,即指此事。王,即秦王也。时本乃作窦建德援洛阳,无"王"字。一似趣虎牢者,是建德而非秦王,与事实全反矣。

皇甫政无杀侄事

《传》第七十六《关播传》,"元平贷死,流珍州,会赦还住剡中。观察使皇甫政表其至以发帝怒,遂流死贺州"。按《旧书·李元平传》,亦言"会赦得归剡中,浙东观察皇甫政表闻其到,以发上怒"。时本"表其至"三字乃作"杀其侄"。是必"表""至"二字略有蚀损,覆刊之时,误认残形,以"表"为"杀",以"至"为"侄",真所谓毫厘千里矣。

新罗王妃非淑氏

《传》第一百四十五《新罗传》，"永贞三年，使者金力奇来谢，且言往岁册故主俊邕为王，母申太妃，妻叔妃"。按《旧书》同传，亦言"力奇上言，贞元十六年奉诏册臣故主金俊邕为新罗王，母申氏为太妃，妻叔氏为王妃"。时本误"叔"为"淑"，与上文"母申"之文不相应矣。以上四则均见南宋小字本。

殿本衍文

殿本《表》第八《方镇表》第五叶，乾元二年后，接三年至十四年。其十年下第五格有"漳潮二州隶岭南经略使"十字。是为第六叶。第七叶接"上元元年"。按《肃宗纪》，乾元二年后，即为上元元年。又上元元年闰月己卯，大赦改元。《旧书》亦云："乾元三年闰四月己卯，改乾元为上元。"是乾元实只有二年。又漳、潮二州，于天宝十载改隶岭南经略使，已见上文。此误增之一叶，与南宋闽本本卷第四叶天宝三载至十四载，文字完全重复。特易"载"字为"年"字。不知殿本何以有此衍文？

旧 五 代 史

薛史遗迹

《宋史·太祖纪》,"开宝六年四月戊申,诏修《五代史》"。《玉海》称"是年四月二十五日,诏梁、后唐、晋、汉、周《五代史》,宜令参政薛居正监修,卢多逊、扈蒙、张澹、李穆、李昉等同修。至十年闰十月甲子,书成。凡百五十卷,目录二卷。其事凡记十四帝,五十六年。为《纪》六十一、《志》十二、《传》七十七"。《居正本传》,则监修《五代史》在开宝五年。王鸣盛已辨其误。晁氏《读书志》,同修者尚有刘兼、李九龄二人。或刊本结衔如是也。

湮没之由

《宋史·选举志》,朱子议设经、子、史、时务各科试士。诸史以《左传》、《国语》、《史记》、《两汉》为一科,《三国》、《晋书》、《南北史》为一科,新、旧《唐书》、《五代史》为一科。《唐书》兼举新、旧,而《五代史》仅举其一。维时欧《史》盛行,所指必非薛《史》。又《金史·选举志》,"学校以经、史、子课士,均指定当用之书。诸史则《史记》用裴骃注,《前汉书》用颜师古注,《后汉书》用李贤注,《三国志》用裴松之注,及唐太宗《晋书》,沈约《宋书》,萧子显《齐书》,姚思廉《梁书》、《陈书》,魏收《后魏书》,李百药《北齐书》,令狐德棻《周书》,魏徵《隋书》,新、旧《唐书》,新、旧《五代史》,皆国子监印之,授诸学校。至章宗泰和七年十一月癸酉,诏新定学令内,削去薛居正《五代史》,止用欧阳修所撰"。按金泰和七年,当宋宁宗开禧三年,为朱子殁后七年。窃意是时南朝先已摈废薛《史》,北朝自知文化不逮,故起而从其后。自是薛《史》遂微。元九路分刊《十七史》,明南、北监两刊《二十一史》,均不之及。

明清之际尚有存本

《四库总目》谓:"惟明内府有之,见于《文渊阁书目》。"按《阁目》宇字号第三橱书目,存《五代史》十部:十册者六,十四册者一,十五册者二,十六册者一。均不注卷数,亦不分别新旧。使悉为薛《史》,不应通行之欧《史》反无一存。且薛《史》刊本绝少,亦不应流传如是之夥。如谓兼而有之,更不应一无区别。再以所分册数考之,亦似近于欧《史》而远于薛《史》。颇疑《总目》所言误也。以余所知,明万历间连江陈一斋有是书,所记卷数与《玉海》合,见《世善堂书目》。清初黄太冲亦有之,见《南雷文定》附录《吴任臣书》。全谢山谓其毁于水火。连江陈氏所藏,陆存斋谓嘉庆时散出,赵谷林以兼金求之,不可得,盖亦必化为劫灰矣。

歙县汪氏藏金刊本

昔闻人言，歙县汪允宗德渊尝有是书，为金承安四年南京路转运司刊本。允宗，余故人也。方其在日，从未道及。余初未之信，嗣获见其《今事庐笔乘》数则，乃知所闻为不虚。今录如左：

薛《书》于《南唐书》多乖误　薛居正等修《五代书》，在开宝中。其时江南未平，不见南方旧史。故于《杨行密传》颇多谬误。盖但据张昭远所记及唐年补录，故行密事多无次序也。惟于中原战争，则较他史完密，尤非欧阳修所可及。

黄梨洲之薛《书》　黄梨洲有薛居正《五代书》，原注：自胡梅硐引之作史，后人多称为《旧五代史》矣。实得于澹生堂。吴任臣作《十国春秋》，尝向之假阅。然观任臣于南唐降周诸表，未尝采录全文，殆未借得。梨洲生前藏书，尝毁于水，身后再灾于火。据全绍衣所记，梨洲此书实为水毁。谢山《二老阁藏书记》有"垂老遭大水"及"身后一火"之语，或水或火，似未断定。予前得金大定本，与余所闻为承安本不合，然相距不远。或一为鸠工之始，一为蒇事之期。署名称《五代书》，因国事而质没。至今思之，有余惜也。

薛居正《五代书》亦称《史》　宋以来于薛氏《五代书》多称为《五代史》。予所见金大定刻本，实作《五代书》。又观薛氏于诸传之互见者，往往有"某人见某书"，或"某书有传"，或"见本书某处"。是皆"书"之证也。然《霍彦威传》，于霍存则曰："存《梁史》有传。"此又薛氏"书"、"史"杂出之证。宜在宋时，"书"与"史"互出无定名，而宋以后则皆通称为《史》，盖沿胡身之所云矣。

有友又录其《货书记》见眎。今并录之,亦足证其实有是书也。

予旧庋金南京路转运司刊薛氏《五代史》一百五十卷,元大德己亥孙粹然、张公俊刊于广信书院之《稼轩长短句》十二卷,宋刊李好古《碎锦词》一卷,元刊《诗传通释》二十卷,安成刘瑾。蒋国祚刊袁宏《后汉纪》三十卷,宋刊《历代纪年》十卷,晁公迈。又棉纸大方册本唐吴兢所撰《贞观政要》十卷日本足利时刊本。旧抄。以纸色决之,当为明人所抄,且有"谢在杭印"及"许芳城藏"小章。许为明末遗老,新安人也。元黎崱《安南志略》十九卷。民国四年乙卯三月,日本要胁我国甚亟。能我援者厥惟英国。而英、日方有同盟条约。日本并以谲说蔽英。予愤其谲,与同志一、二自香港电告英伦,发日狡谋。方苦资用无出,予遂取诸书货于一粤估,得银币一千三百元,用为电费。顾此仅供五次通电。复陆续募诸同志,以济斯急。计是役所耗逾七千元。幸英人觉悟,日谋得少延缓,而予历岁搜罗精本,斥其半矣。五月十三日追记于此。

依是观之,则汪氏确有其书,而其书确已归于他人。余展转追寻,又似其书尚在人间。惝恍迷离,莫可究诘。盖亦在若存若亡之际矣。

四库辑本

《四库》馆开,余姚邵晋涵取《永乐大典》所引薛《史》,掇拾成文,冀还真面。不足,以《册府元龟》所引补之,均各记其所从出卷数。又不足,则取宋人所著如《太平御览》、《五代会要》、《通鉴考异》等书凡数十种,或入正文,或作附注,亦一一载其来历。《四库》馆臣复加参订。书成奏进,敕许刊行。最先刻者为武英殿本,主其事者尽削其所注原辑卷数。彭元瑞力争不从,人皆惜之。

嘉业堂刘氏刊本胜于殿本及四库写本

近人南昌熊氏得《四库全书》写本,据以景印。所注原辑卷数尚存。余友刘翰怡得甬东抱经楼卢氏藏本,亦当时所传录者,并已版行。所列附注独多。原辑卷数亦未删削。凡得一千三百七十条,视殿本多五百三十八条,视库本多四百七十一条。虽殿本有三十九条、库本有三条,为刘本所无,然较短絜长,总以刘本为最备。且刘本卷七十一有《郑元素传》,库本无之。卷九十六有《淳于晏传》,殿本无之。又卷九十八《张砺传》,文字亦视殿、库二本为详。

长洲章氏藏孔荭谷校邵氏稿本

长洲章式之同年尝迻录孔荭谷校邵氏稿本。余假得之,留案头者数月,悉心雠校,亦有异同。卷中附注,刘本有而孔本无者,三百八十一条;有而不全者,二十三条;孔本有而刘本无者,六十五条。式之谓邵氏所辑,不免偶误。馆臣有所增补改正。且孔氏所校,亦非据邵氏原稿,故与刘氏所得抄本又有不同。

清代忌讳字均删改

武英殿本及《四库》写本因清代以异族入主中夏，多所忌讳，变易字句，已非薛氏原文。惟刘、孔二本，尚存邵氏原辑之旧。然刘本已不若孔本之完善矣。今摘举其所变易者如左：

卷五《梁太祖纪》，开平三年下"况灵旗北指丧犬羊于乱辙之间"	"犬羊"改"羆貙"
卷十《梁末帝纪》，龙德元年下"故有犬戎猾夏之师"	"犬戎猾夏"改"边裔狡逞"
卷十二《郴王友裕传》，"克用令胡骑连射"	"胡"改"蕃"以下或改"塞"，或改"部"，或改"虏"，或删去。不复录。
卷二十三《王景仁传》，"时镇定作逆朋附蕃丑"	"蕃丑"改"沙陁"
卷三十七《唐明宗纪》，天成元年下"伪署幽州节度使卢文进率户口归明"	"明"改"顺"以下或改"命"。不复录。
卷四十五《唐闵帝纪》，应顺元年下"天子避寇古亦有之"	"寇"改"敌"以下或改"骑"，或改"兵"。不复录。
卷四十八《唐末帝纪》，清泰三年下，"戎王并以汉军与石敬瑭"	"戎王"改"契丹主"以下屡见，或不缀"主"字，或改"北主"。均不复录。
卷八十《晋高祖纪论》，"召戎为	"召戎为援"改"强邻来援"

援狲犹自兹而孔炽"	"狲犹"改"契丹"
卷八十二《晋少帝纪》，开运元年下"飞矢蔽空贼军稍却"	"贼"改"敌"以下屡见，或改"人"字。不复录。
卷八十三《晋少帝纪》，"杜威召诸将议曰戎首自来实为勍敌"	"戎首"改"北主"
卷八十五《晋少帝纪》，"得伪诏慰抚帝表谢之"	"伪"改"敌"
又"伪诏应晋朝臣僚一切仍旧"	"伪"改"契丹主"以下或但改"契丹"。不复录。
又"陉即蕃王避暑之地也"	"蕃王"改"契丹"
卷八十九《刘昫传》，"契丹主降伪命授昫守太保"	"降伪命"三字删以下凡"伪旨"、"伪诏"或仅一"伪"字，均删去。不复录。
卷九十三《张仁愿传》，"及契丹犯阙"	"犯阙"改"入汴"以下或改"去汴"，或改"入中原"。不复录。
卷九十五《皇甫遇传》，"尝为遮虏军使"	"虏"改"塞"以下或改"国"，或改"境"。不复录。
又《沈赟传》，"侍中父子误计陷于腥膻忍以氈幕之众残害父母之邦"	"腥膻"改"契丹""氈幕"改"毡幕"
又《吴峦传》，"岂有礼义之人而臣于异类乎"	"异类"改"异姓"
卷九十六《王瑜传》，"会北戎盗据中夏"	"北戎盗据"改"契丹据有"以下"戎"字或改"北"，或改"兵"，或改"方"。不复录。

又"瑜说钦祚曰若不西走当为左衽矣"	"为左衽"改"属契丹"
卷九十七《杨光远传》,"生禽酋长李和等数十人送于阙下"	"酋长"改"其将"以下仅一"酋"字者,改"长"字。不复录。
又《卢文进传》,"中国所为虏中悉备"	"虏中"二字改"者"
卷九十八《赵德钧传》,"因名良乡县以备虏寇"	"虏"改"钞"
又《萧翰传》,"时虏主死汉高祖已建号于太原"	"虏主死"三字删
又《崔廷勋传》,"幼陷虏廷"	"虏廷"改"契丹"
卷九十九《汉高祖纪》,天福十二年下,"三月壬辰丹州都指挥使高彦珣杀伪命刺史"	"伪命"改"契丹所命"
卷一百十《周太祖纪》,乾祐二年下,"五月九日攻河西砦贼将周光逊以砦及部众千余人来降"	"贼将"改"主"字不叠"砦"字不成文。
卷一百十五《周世宗纪》,显德二年下,"厚启戎心诱为边患"	"戎心"改"兵端"
卷一百十九注"世宗既下江北"节,"舍华事夷"	"华"改"内","夷"改"外"。以下"夷"字或改"部众",或改"人"字。不复录。
卷一百二十《周恭帝纪》,显德	"东夷"改"高丽"

六年下,"尚辇奉御金彦英本东夷人也奉使高丽称臣于夷王故及于罪"	"夷王"改"其王"
卷一百三十三《马希范传》注"丁思仅"节,"引军直趋京师驱契丹"	"驱契丹"改"诛仇敌"
卷一百三十七《契丹传》,"武皇曰逆贼未殄不可失信于夷狄"	"夷狄"改"部落"
又"案巴坚种落贱类岂有退避之理"	"种落贱类"改"生长边地"
又"案巴坚乃僭称皇帝"	"僭"改"自"
又"案巴坚深著乱华之志"	"乱华"改"闢地"
卷一百三十八《吐蕃传》,"黑水靺鞨其俗皆编发性凶悍"	"皆编发"改"尚质朴""凶"改"猛"
卷一百四十四《乐志》,"旋属胡虏为乱明法罔修"	"胡虏"改"烽火"

右列诸字大都指契丹而言,本与清室无涉。康雍以来,屡兴文字之狱。而惩羹吹齑者,遂不免多所顾忌。其"夷"、"胡"二字。有绝不相干者,亦一律加以删改。专制淫威,可以想见。然遗漏亦正不少,则校者之疏略也。

五代史记

宋庆元刊本

是本半叶十行，行十八字。版心鱼尾上记大小字数，下记刻工姓名。卷第十八末叶有"庆元五年鲁曾三异校定"一行，第二十三、第二十四、第三十四、第五十七、第五十八亦均刊此一行，但不记年号。宋讳朗、匡、贞、徵、成、讓、煦、慎、敦等字均阙笔。然既署庆元，则必刻于宁宗时也。按《中兴馆阁续录》，曾三异，临江军人。端平元年三月，以承务郎主管潭州南岳庙，充秘阁校勘。二年九月，除太社令。又《宋史·艺文志》，有曾三异《宋新旧官制通考》十卷，又《宋新旧官制通释》二卷。《直斋书录解题》，"周益公解相印，编定《六一居士集》，属旧客曾三异校正，益完善无遗恨"云云。是三异必一学识淹贯之士，且甚服膺欧公者。故于校正《六一居士集》外，又校刊是《史》也。雍正《江西通志》称三异为三聘弟。三聘，《宋史》有传，临江新淦人。三异乃自署曰"鲁"者，盖追纪其祖籍耳。

宋刊别本

半叶十二行，行二十二字。前有建安陈师锡序。仅存《本纪》

十二卷,亦余友傅沅叔所藏。有人目为北宋刊本,然以字体镌工考之,恐已入于南宋矣。庆元本阙序目,即以是本补完。其家人传目例,先后妃,次子,次叔兄弟及兄弟之子,而传文则反是。独《汉家人传》,又先侄赟而后弟信。徐注指为便于述事。其他传文与目相反者,殆亦以此。然《梁家人传》目,友孜后为友文,而传文又先友文而后友孜。此与述事无涉,疑目误也。又第四十八,尹晖有传无目;第五十五,卢损有目无传。不知庆元本原目何如也?

吴缜纂误所指此不误

宋吴缜《五代史纂误》今由《永乐大典》辑出者,尚存一百十二事。如:

第六《唐明宗纪·赞》,其"即位时春秋已高,不迩声色,不乐游畋,在位十年",谓:"明宗在位止七年七月,可强名八年。以为十年则误。"是本作"七年",不作"十年"。

第十四《唐皇后刘氏传》,"同光二年四月己卯,皇帝御文明殿,遣使册刘氏为皇后",谓:"按《庄宗纪》,乃是同光二年二月癸未立皇后刘氏,与此不同。未知孰是?"是本作"同光二年癸未",无"二月"二字。

第三十一《周臣传赞》,"治君之用能置贤知于近",谓:"按上下文意,此'治君之用',当是'治国之君',传写之误尔。"是本作"治国之君"。

第三十六《义儿·李存孝传》,"求救于幽州李斤威,斤威兵至",谓:"按《王镕传》,乃是'李匡威',作'斤'则非。"按此乃避太祖讳,末阙二笔。是本作"匡威"。

《四库总目》亦以吴氏所称"唐明宗赵凤罢"一条,又《晋出帝纪》之"射雁于繁台",周太祖之"甲辰"均与今本不同,疑为后来校刊者追改。上文所举四条,事当相同。然吴氏纠摘者多,何订正者仅限此数字?且曾氏长于校勘,亦不应有所挂漏,是亦一疑问也。

吴兰庭纂误补所指此不误

清吴兰庭惜缜所撰《纂误》之亡失,因著《纂误补》。其所订正时本各条,洵足补缜之阙也。如:

第五《唐庄宗纪》,"'同光三年三月龙骧指挥军使姚彦温以前锋军叛降于李嗣源','嗣源'下当仍有'嗣源'二字"。是本重"嗣源"二字。

第九《晋出帝纪》,"'如京师使李仁廊使于契丹',此衍'师'字"。是本无"师"字。

第十三《梁皇后张氏传》,"'天福元年后以疾卒'。按《通鉴》注云,张后殂于唐昭宗天祐元年"。是本作"天祐",不作"天福"。

第十七《晋高祖诸子传》,"'重胤郑王',此'郑'字当亦'郯'字之误"。是本作"郯",不作"郑"。

第三十八《窑者传》,"'汉琼西迎废帝于潞',此'潞'字当是'路'字之误"。是本作"路",不作"潞"。

第六十《职方考》,"'秦汉有成汉有阶汉有凤汉有',此四'汉'字俱当作'蜀'字"。是本作"蜀",不作"汉"。

第六十五《刘铁世家》,"'铁喜曰韶桂连贺本属湖南','韶'字系'昭'字之误"。是本作"昭",不作"韶"。

钱大昕考异所指此不误

钱大昕《廿二史考异》于时本亦多所订正。如:

第十一《周太祖纪》,"'请立泰宁军节度使赟为嗣','泰宁'当作'武宁'"。是本作"武宁"。

第十四《唐皇后刘氏传》,"'后嫁契丹突厥李赞华','突厥'当作'突欲'"。是本作"突欲"。

第四十六《康福传》,"'乃拜福凉州刺史河西军节度使',不书'朔方节度',但书'河西节度',是舍重而举其轻也"。是本不脱"朔方"二字。

第五十二《张彦泽传》,"'败契丹于秦州','秦'当作'泰'"。是本作"泰"。

第五十九《司天考》二,"'天福五年十一月丁丑日有食之,开运元年三月戊子日有食之','日'均当作'月'。'显德三年十二月癸酉日有食之',亦月食,非日食"。是本均作"月",不作"日"。

第六十《职方考》,"'定梁有义成','义成'当作'义武'"。是本作"义武"。

第六十二《南唐李景世家》,"'始改名景,以避周庙讳。'按时本作'始改名璟',实误"。是本作"景",不作"璟"。

第六十八《闽王审知世家》,"'唐以福州为武威军',当作

'威武军'"。是本作"威武"。

王鸣盛商榷所指此不误

王鸣盛《十七史商榷》亦有考正时本之谬误者。是本均与相合。如：

第一《梁太祖纪》，"'天复元年天子复立'，'立'当作'位'"。是本作"位"。

第二又，"'乾化元年正月救流罪以下因求危言极谏'，'因'当作'囚'"。是本作"囚"。

第十二《周太祖纪》，"'显德三年八月课民种禾'，'禾'当作'木'"。是本作"木"。

第十四《唐太祖家人克宁传》，"'存颢等各遣其妻入说孟氏数以迫克宁'，'孟氏'下应重'孟氏'二字。此脱"。是本不脱。

又《太祖子传》，"'庄宗大怒以兵围其第而族之'，此庄宗弟而云'族之'，必有误"。是本作"诛"，不作"族"。

第十五《秦王从荣传》，"'从荣尚忌宋王从厚'，'尚'当作'常'"。是本作"常"。

第二十四《唐臣郭崇韬传》，"'唐军东保杨刘彦章图之'，'图'当作'围'"。是本作"围"。

第四十一《卢光稠传》，"'刘龚已取韶州'，'龚'当作'龑'"。是本作"龑"。

第四十七《皇甫遇传》，"'以重威为都招讨使'，'重'上脱'杜'字"。是本不脱。

第六十三《前蜀世家论赞》,"'予读蜀书',脱'书'字"。是本不脱。

第六十五《楚马希范世家》,"'开封承制','封'当作'府'"。是本作"府"。

时本讹夺多可纠正

其他时本讹夺,为吴、钱、王诸氏所未指及,亦可赖是本以资纠正者,如:

第二《梁太祖纪》,开平三年注:"克丹州无主将姓名。"不脱"克"字。按若无"克"字,则似谓丹州无主将姓名,而正文之"首恶王行思"为不可通矣。

第十二《周世宗纪》,"显德元年,杀左羽林大将军孟汉卿",不误"汉琼"。按《旧史·周纪》,亦作"汉卿"。殿本《考证》云:"监本脱'琼'字,今增正。"盖馆臣误"汉"为"琼"也。

第二十四《郭崇韬传》,"梁兵日掠澶、相,取黎阳、卫州",不脱"取"字。按《梁末帝纪》,"龙德二年八月,段凝攻卫州,执其刺史李存儒"。《旧史·梁末帝纪》下,"龙德二年八月,段凝、张朗攻卫州,下之"。盖卫州本属唐,此时为梁所夺,故当有"取"字。

第二十五《周德威传》,"以功迁衙内指挥使"。《袁建丰传》,"明宗为衙内指挥使"。又《义儿·李嗣昭传》,"为衙内指挥使"。均不误"内衙"。按唐末至宋初,各镇将多以亲子弟为衙内官。宋代尚有某衙内之称,其明证也。

第二十六《张延朗传》，"以租庸吏为郓州粮料使"，不作"租庸使"。按下文"梁兴始置租庸使领天下钱谷"，是"租庸使"为掌度支最高之职，似无降为郓州粮料使之理。则当以"租庸吏"为是。

第四十二《李罕之传》，"遣子颢送于梁以乞兵"，不作"遣子颀"。按下文，罕之子名颀者，早留于晋。罕之背晋归梁，晋王几欲杀颀。则是往梁乞兵者，必是颢非颀无疑。

第四十五《袁象先传》，"末帝即遣人之魏州，以谋告杨师厚，师厚遣裨将王舜贤至洛阳"，叠见"师厚"二字。今时本不叠见，则似末帝经自遣舜贤至洛阳矣。

第四十八《高行周传》，"契丹灭晋，留萧翰守汴，翰又弃去"，不脱下"翰"字。今时本无下"翰"字，则似契丹将汴弃去矣。

第五十六《史珪传》，"为宁晋乐寿县令"，"宁晋"不误"晋宁"。按宁晋与乐寿，在唐时同属河北道，地望相近。《新唐书》昆州有县四，晋宁居其一。然昆州在蛮州之列，隶戎州都督府，且《旧唐书》又作普宁，则作晋宁者非矣。

第六十五《南汉世家》篇末注"皇朝开宝四年"，不作"宋开宝"。又《东汉刘承钧世家》，"太祖皇帝尝因界上谍者"；《继元世家》，"太祖皇帝以诏书招继元出降"；又"太祖皇帝命引汾水浸其城"；又"太宗皇帝御城北高台受降"，均不脱"皇帝"二字。此盖未经后人删改，犹足考见欧、徐原文。

第六十九《南平高季兴世家》，"季兴因请夔、忠等州为属郡"，"属"不误"蜀"。按"属郡"，谓以夔、忠等州为己所属之郡也。作"蜀"者非。

宋 史

元至正本

　　元《顺帝纪》，至正三年四月，据《辽史》卷首圣旨，则在三月。诏修辽、金、宋三史。以中书右丞相脱脱为都总裁官。《辽史》先成，《金史》次之。至五年十月，表进《宋史》，凡《本纪》四十七卷，《志》一百六十二卷，《表》三十二卷，《列传世家》二百五十卷。又目录三卷。翌年下杭州路雕板。板式每叶二十行，每行二十二字。板心鱼尾上有"纪"、"志"、"表"、"传"等字及字数，下刻工姓名，或记或不记。旧藏内阁大库。清末清理档案，移归北京图书馆，世人始获见之。

明成化本

　　明成化间，桂阳朱英督两广军务时，得漳浦陈布政家抄本，微有残缺。复于浙中续得善本，以补完之。因其书不易得，乃谋梓行，至成化十六年刊成。英自为之序。其板式每叶二十行，每行二十字。视元本减其二。板心中间《纪》、《志》、《表》、《传》，各为卷第。鱼尾上，左"宋史几"，右字数。叶号下，左写生姓名，右刻工姓名。卷首有阿鲁图《进〈宋史〉表》，修史官员衔名，中书省咨浙江等处行中书省镂板公文，暨行省提调官衔名。此必从至正本出。书估每撤去朱英自序，冒称元刻。库本未出时，世人无从证其真伪，故陆存斋《仪顾堂题跋》亦误认其所藏朱刻为杭州初刊祖本。嘉靖六年，锦衣卫闲任沈麟奏准校勘史书，礼部行文南京国子监，以祭酒张邦奇、司业江汝璧任校修之役。同时差取广东原刻《宋史》付监。按《南雍志·经籍考》，《宋史》好板七千七百零四面，裂破模糊板二千零四十三面，失者一百二十七面。今明监本间有板心无小字或有小字黑质白章者，必监本补刻之板。《仪顾堂题跋》指成化本为元本翻雕，盖误以初刻为元板，以补刻为成化板也。

成化本前后序

成化本朱英序多被书估撤去，读者每未获睹。后序尤为罕见，惜已不全。今并录如左：

前　序

自古详于纪事而远于垂教者，盖莫如史。唐、虞、三代之书，不可尚矣。春秋而后，代有作者。虽笔削在人，褒贬义例不能无所论议，然皆纪事当时，垂教后世，人得而录之国学，售之书肆，莫不考见古昔，以为师法，裨益于人旧矣。惟《宋史》一书虽已成于元儒之手，当时藏之书府，殆今百余年，尚在　　。世或有得而录之者，珍藏过于拱璧，不轻假人，而凡志学之士，愿见而不可得者，殆饥渴之于饮食也。虽幸陈子经《通鉴续编》之作，人或见之，然亦杯酌之间耳。能饱人所欲，而快人之心哉。昔予在闽藩，尝假僚友之谊，得录于漳浦陈布政所藏抄本于家。惜奔走东西，未遑一展。比来两广边务暇日，欲取而正之，以图梓行。适参政刘昌尝与御史江泝谋始缮刻，成十之一，属江已代去，刘亦内艰回，得佥事赵琎来任其责，不远千里购漳浦旧本，内多残缺、讹谬，乃命教谕李元、训导廖苘搜磨订正，使鲁鱼亥豕不谬其间。因拣义官彭章、邹凤以典缮写。工直之费，时得按察使严泩来任，忻然乐于赞画，相与市材，募楷书者日录。甫成，又遭回禄之厄。故所录者多为煨烬。幸漳浦本独存，若有神明护之者。时赵因公过浙，闻之，再购得名家所藏善本以寄，严得而喜，躬事督责，期于必成。令再更互参考，谬者正之，缺者补之。书垂成而工费不继。严又升湖广布政去。得左布政使彭韶、按察使闵珪，快然为经画，计以助其成。盖经始于成化辛卯十月，刻成于庚子四月。佥谓是书关系甚大，劳费不赀，几废而复兴者十年，中厄回禄，所以幸存于煨烬，获全于绣梓者，盖亦昭昭，佑善之私，有在非偶然也。宜序诸首简，庶后来有考焉。惟三代而后，言治者莫如汉、唐；继唐而善治者，尤莫如宋。宋德隆盛，治教休明。其间明良遭际，所以同心同德，辅成三百余年之盛，超汉、唐而踵三代者，率多后世师法。其他道学渊源，振起斯文之山斗，忠节慷慨，耿光千古之日星，尤可仰而可学者，具载此书。今诸藩臬，皆生长文献，有志圣贤事业者。相与博采，区画绣梓以传之，将使四方学者人得而读之，观感兴起，景仰前修，懋隆德业，以辅翊我皇明亿万斯年之鸿业，丕绪于无穷者，端在是矣。其与人为善，裨益将来者，岂小也哉。书凡四百九十六卷，《本纪》四十七，《志》一百六十二，《表》三十二，《列传》二百五十五，视《续编》亦既详略相仍，巨细毕举，学者所宜参考云。成化十六年庚子春三月朔旦，奉敕总督两广军务兼理巡抚都察院右都御史桂阳朱英谨序。

后　序

《宋史》锓梓既成，总督两广军务兼理巡抚都察院右都御史桂阳朱公喜而序之矣。广东藩臬诸公征予序其后，於乎！史所以垂世而立教也。宋有天下，继汉、唐之治，逾三百年。自太祖、太宗以至度宗，凡十数君，而中间贤臣彬彬济济，以弼成一代之治。而治体之纯，道学之粹，远追三代，亦何其盛矣哉。间有弗经者，若嘉禾中之稂莠，而不能逃夫公论之贬也。史之所载，自帝王而下，若天文、五行、律历、地理，或河渠、礼乐，或仪卫、舆服，至于选举、职官、食货、兵刑，以暨艺文、宰辅、宗室、世系、诸番、来宾，靡不备录详纪，得司马迁、班固之法，於乎盛矣哉。是书修于元，而未行于世，迨今百余年矣。今都宪公广询博访，得全本而图传之。会左布政使莆田彭韶，右布政使石首袁恺，左参政大理杨纬、丰城丁璐，右参政丰城熊怀，左参议淳安徐鉴，右参议闽清谢瑀，按察使莆田严泩、乌程闵珪，副使连江林锦、郁林陶鲁、江都俞俊、安福李瑢、祁门程宏，金事晋江赵珞、道州赵弘、闽县陈廷玉、进贤杨峻、南昌罗经，同志研稽，锓梓以行。该而博，正而严，深欲示鉴戒之功，不但托纪载之详而已也。是书行之天下，国之典制，胥此焉明；人之善恶，胥此焉辨。将使为君为臣者动心奋志。览建

以下阙

阙叶错简弥缝之谬

钱大昕《廿二史考异》,《孝宗纪》"'淳熙七年十二月以新除成都府路提点刑狱禄东之权四川制置使应',成化本卷三十五第七叶尾。监本此下,误以第三十三卷之第十一叶搀入"。按钱氏之言,尚微有误。监本行款,与成化本不同。成化本第三十五卷第八叶,监本全脱。即以第九叶直接第七叶。文义虽不贯,犹不甚显。而其所搀入之第三十三卷之第十一叶,亦为成化本一全叶,乃以列入第三十五卷第九叶之次。其末句为"九月己酉杨存",与第三十五卷第十叶首句"甲寅以谢廓然同知枢密院事",文义太不联接。此叶文字,前见于第三十三卷,相去仅四十七叶,乃全已忘却。漫将"杨存"二字改为"地震",以泯其迹。阙叶错简,事所恒有。而其谬乃在于不加寻究,擅改原文。犹不止此。成化本第七叶末所载为七年十二月事,其误接之第九叶,不及一行,即为夏四月云云。其中失去八年春季之事,何以全不觉察?一也。第九叶所载,为夏四月至八月之事,其下误搀第三十三卷之第十一叶,又复见秋七月。八月之后复见七月,仍不觉察,二也。万历重刊监本时,去南监补修广东刻本,为时甚近。遇有疑义,何竟不取之一校?且任意作伪以自欺欺人。武英殿本校刊之日,成化旧本,馆臣岂一无弆藏?乃亦绝不措意,任其以讹传讹。官事之不可信如此。

田况传补阙一叶

《传》第五十一《田况传》，殿本"寻为陕西宣抚副使还领三班院保州云翼军杀州吏据阙城叛阙诏况处"，此下所缺，适当成化本第二百九十二卷第二十九叶一全叶。殿本阙字，不注于"诏况处"三字之下，乃叠注于"杀州吏据与城叛"之下，殊不可解。其所阙一叶，钱氏亦未校出。今录如左：

置之。既而除龙图阁直学士，知成德军。况督诸将攻，以敕牓招降叛卒二千余人，阬其构逆者四百二十九人。以功迁起居舍人，从秦州。丁父忧，诏起复，固辞。又遣内侍持手敕起之，不得已乞归葬阳翟。既葬，托边事求见，泣请终制。仁宗恻然，许之。师臣得终丧，自况始。服除，以枢密直学士尚书礼部郎中知渭州，迁右谏议大夫知成都府。蜀自李顺、王均再乱，人心易摇，守得便宜决事，多擅杀以为威。虽小罪，犹并妻子徙出蜀，至有流离死道路者。况至，拊循教诲，非有甚恶不使迁，蜀人尤爱之。迁给事中，召为御史中丞，既至权三司使，加龙图阁学士、翰林学士。况钩考财赋，尽知其出入，乃约《景德会计录》，以今财赋所入多于景德，而岁之所出又多于所入，因著《皇祐会计录》上之。以礼部侍郎为三司使，至和元年擢枢密副使，遂为枢密使，以疾罢，为尚书右丞、观文殿学士兼翰林侍读学士，提举景灵宫，遂以太子少傅致仕。卒赠太子太保，谥宣简。况宽厚明敏，有文武材，与人若无不可。至其所守，人亦不能移也。其论天下事甚多，至并枢密院于中书，以一政本,日轮两制馆阁官一员于便殿备访问,以锡庆院广太学兴镇戎军原渭等州。

张栻传补阙一叶

《传》第一百八十八《张栻传》,元本末叶为第二十五叶。前叶末句为"卒年四十有"。成化本行款已改,然于"有"字下犹留墨板,为待访补刻之地。至北监本,则于"有"字下增八字,足成语气,以掩其不全之迹。所阙一叶,幸元本犹存。今录如左:

八。孝宗闻之,深为嗟悼。四方贤士大夫,往往出涕相吊,而江陵、静江之民尤哭之哀。嘉定间赐谥曰宣,淳祐初诏从祀孔子庙。栻为人表里洞然,勇于从义,无毫发滞吝。每进对必自盟于心,不可以人主意悦,辄有所随顺。孝宗尝言:"伏节死义之臣难得。"栻对:"当于犯颜敢谏中求之。若平时不能犯颜敢谏,他日何望其伏节死义。"孝宗又言:"难得办事之臣。"栻对:"陛下当求晓事之臣,不当求办事之臣。若但求办事之臣,则他日败陛下事者,未必非此人也。"栻自言前后奏对,忤上旨虽多,而上每念之,未尝加怒者。所谓可以理夺云尔。其远小人尤严,为都司日肩舆出,遇曾觌,觌举手欲揖,栻急掩其窗棂。觌惭,手不得下。所至郡,暇日召诸生告语:民以事至庭,必随事开晓,具为条教。大抵以正礼俗、明伦纪为先,斥异端,毁淫祠,而崇社稷山川。古先圣贤之祀,旧典所遗,亦以义起也。栻闻道甚早。朱熹尝言:"己之学乃铢积寸累而成,如敬夫则于大本卓然先有见者也。"所著《论语孟子说》、《太极图说》、《洙泗言仁》、《诸葛忠武侯传》、《经世纪年》皆行于世。栻之言曰："学莫先于义利之辨。义者,本心之当为,非有为而为也。有为而为,则皆人欲,非天理。"此栻讲学之要也。子焯。

宗室世系表可补一叶

余曾见一影元抄本,《宗室世系表》第三十二卷第十八叶,为成化本所无。其文在成化本第二十三叶前半叶第六人"时眘"与第七人"公匙彦屿榕夫"之间。成化本且亡佚,其他各本更无论矣。以其无用,故不补录于此。又表中人名,半属奇字。成化本尚沿其旧。时本每加改窜,期于易识。殊失名从主人之意,窃以为非。

辽 史

元刊本疑非初刻

《辽史》与《宋史》，同于至正三年三月奉旨开修。卷首有三月十四日、二十八日圣旨各一道，次三《史》凡例，次四年三月进书表，次修史官员衔名。时本仅载进书表，余均不存。按元刻《金史》，卷首江浙等处行中书省准中书省至正五年四月十三日咨文，有"去年教纂修辽、金、宋三代史书，即目辽、金史书纂修了有，如今将这史书令江浙、江西二省开板"等语。是《辽》、《金》二史，必同时镌刻。然以是本与北京图书馆所藏初刻《金史》相较，字体绝异，刻工姓名亦无一相合。而与涵芬楼所藏《金史》较，则字体相类，刻工姓名同者亦多。是此决非初刻。然遍观海内外所存《辽史》，只有此本。是否别有初刻，殊难断言。

元刻多讹字

是本刊板粗率，讹字亦多。如"廷"之误"延"，"宫"之误"官"，"徙"之误"徒"，"隶"之误"頼"，"给"之误"给"，"漠"之误"漢"，"遣"之误"遗"，"萧"之误"箫"及"肃"，屡见不一见。其他讹舛，亦指不胜屈。然究是最古之本，足以校正后出诸本者，犹自不少。

损阙之字不当臆改

余所见是史，印本漫漶者多。凡不易辨识之字，覆刻之时，理宜从阙。明清诸本往往以己意补易之，窃以为未当也。如：

《纪》第十八《兴宗纪》，重熙二年，"宋遣曹琮来告母后刘氏哀章得象安继昌来馈母后遗物即遣兴圣宫使耶律寿宁给事中知制诰李奎充祭奠使"。此"即遣兴圣"四字，印本多不可辨。诸本改作"辽遣延昌"。按"延昌"为穆宗官称，"兴圣"为圣宗官称。任举一名，已属非是。"即遣"云云，语气紧承上文。易为"辽"字，于《辽史》自称，语气亦属不合。

又"以耶律寔高升耶律迪王惟允充两宫贺宋生辰使副"。此"寔"字印本多模黏，有仅存匡廓者。诸本揣其形似，易为"楚"字，亦失之矣。

《纪》第八，保宁三年，"又以潜邸给使者为挞马部置官堂之"。此"堂"字不可通，必为"掌"字之讹。而诸本则改为"主"字。

《志》第三十一《刑法志》，"辽二百余年骨肉屡相残灭"一语，"屡"字仅存"尸"头，然细辨实为"屡"字。诸本改作"自"字，亦涉武断。

句中疑字不当轻补

史有阙文，圣人所许。是本句中著"疑"字者甚多，殆镌板之时,原书本文俱已损佚。究为何字,不敢臆断。故著一"疑"字以代之。此在宋刊南北诸史,多有其例。但彼则旁注小字,此则列入正文。如:

《纪》第十九《兴宗纪》,重熙十三年,"诏富者遣行余留屯疑天德军"。诸本乃改"疑"作"田"。

又第二十,重熙十九年,"夏人侵边敌鲁疑遣六院军将海里击败之"。诸本乃改"疑"作"古"。

又第二十一,重熙二十四年,"百僚上表固疑许之。"诸本乃改"疑"作"请"。

又第二十四《道宗纪》,大安元年,"以枢密直学士杜公疑参知政事。"诸本乃改"疑"作"谓"。

《志》第二《营卫志·行营》,"长城以南多疑多暑",诸本乃改"疑"作"雨"。

又隋契丹十部,"元魏疑莫勿贺勿于畏高丽蠕蠕侵逼率车三千乘众万口内附"。诸本乃改"疑"作"末"。

《志》第四《兵卫志》,"天赞四年疑亲征渤海"。诸本乃改"疑"作"又"。

以上七"疑"字,原有可以揣测而得者,不必疑而疑之,正见其郑重不苟。后人覆刻,任意改窜,不知妄作,殊失阙疑之意矣。

钩鱼

《纪》第一,太祖九年十月,"钩鱼于鸭渌江";第四,太宗会同二年十二月,"钩鱼于土河";第八,景宗保宁七年十月,"钩鱼土河";

第十二,圣宗统和七年十二月,"钩鱼于沈子泺";第十三,统和十五年十二月,"钩鱼土河";第十四,统和二十七年正月,"钩鱼土河";第十五,开泰二年七月,"钩鱼曲沟";第十六,太平二年正月,"如纳水钩鱼";又三年正月,"如纳水钩鱼";第二十,兴宗重熙二十四年八月,"焚钩鱼之具";第二十一,道宗清宁四年正月,"如鸭子河钩鱼";第二十二,咸雍三年正月,"如鸭子河御安流殿钩鱼";第二十七,天祚帝乾统七年正月,"钩鱼于鸭子河";又天庆元年正月,"钩鱼于鸭子河";又二年二月,"幸混同江钩鱼";《表》第六十八游幸表,景宗保宁九年十月,"钩鱼于赤山泺";又圣宗统和元年十一月,"钩鱼于近州";又七年十二月,"钩鱼于曲水泺";又二十一年十一月,"钩鱼于周河";又开泰二年十月,"钩鱼于长泺";《传》第一百二《萧奉先传》,"上幸混同江钩鱼";第一百十六《国语解》,"上岁时钩鱼,得头鱼,辄置酒张宴"。"钩鱼"二字,凡二十二见。殿本全作"钓",检南监本亦同。北监本独见《国语解》一条作"钩",余亦均作"钓"。按本史《营卫志》,"秋冬违寒,春夏避暑,随水草就畋渔,岁以为常"。又云:"春捺钵曰鸭子河泺,皇帝正月上旬,起牙帐,约六十日方至。天鹅未至,卓帐冰上,凿冰取鱼。"按鸭子河即混同江,于圣宗太平元年改名。捺钵为畋渔所在之地。长江大河,形势宏阔,亦非投竿垂纶之区。颇疑"钓"字不协。及检《辽史拾遗》,引程大昌《演繁露》,纠正其误,语焉甚详。其言曰:"《燕北杂录》载契丹兴宗重熙年间衣制、仪卫、打围、射鹿、钩鱼等事,于景祐五年十月撰进。"又曰:"达鲁河钩牛鱼,虏中盛礼。意慕中国赏花钓鱼。然非钓也,钩也。"又曰:"其钩是鱼也,虏主与其母皆设次冰上,先使人于河上下十里间,以毛网截鱼,令不得散逸。又从而驱之,使集虏帐。其床前预开冰窦四,名为冰眼。中眼透,旁三眼环之不透,第斫减令薄而已。薄者所以候鱼,而透者将以施钩也。"又曰:"鱼之将至,伺者以告虏主。即遂于斫透眼中,用绳钩掷之,无不中者。"据此,可以证元本之正,及监本、殿本之非。然则书顾不贵初刻乎。

汋者

《志》第三十一《刑法志》,"皇妹秦国公主生日,帝幸其第。伶人张隋,本宋所遣汋者。大臣觉之以闻,召诘款伏"。按《周礼·秋官》,"掌士之八成一曰邦汋"。郑氏注:"斟汋盗取国家密事。"若今时刺探尚书事,张隋为宋遣至辽之间谍。"汋者"取义,盖本于此。明人覆刻,不加深究,竟认为残缺之"的"字。妄补数笔,而文义遂不可通。殿本亦沿其误。

金 史

元刊有三本

余所见元刊《金史》凡三本：一，至正五年原刊。卷首有进书表、修史官员、提调官衔名。书法圆润，镌法精整。今在北平图书馆，然不全。其二，亦元刻本。卷首有江浙等处行中书省所受中书省咨文，暨行省各官衔名。字较瘦弱，然摹刻胜于《辽史》。余定为初覆本。其三，字体板滞，版心上下有阔黑口。余定为再覆本。均半叶十行，行二十二字。原刊、初覆，版心上分记"纪"、"志"、"表"、"传"及字数，下记刻工姓名。惟再覆本无之。

各本残缺可补

南北监本暨殿本初版，《志》第十四《礼志·原庙》、《传》第十四《太宗子宗磐传》，各阙一叶。又《纪》第十四宣宗贞祐三年，《志》第三十七《百官志》八"作左右院"，《表》第四《交聘表》章宗泰和五年，《传》第四《埚保传》，又第一百二十五《蔡松年传》，各有残阙。施国祁《金史详校》谓："元本具存，得以考补。"是本正同。惟《传》一百一《抹撚尽忠传》，"诏尽忠为左副元帅兼西京留守"，各本原缺"西京"二字；又"重绶百段"，亦原缺"百"字。施氏未经指出。或偶尔遗漏，未可知也。

施氏详校所据为后印本

施氏《金史详校》，竭廿余年之力，读十余过，始观厥成。宏博精审，洵称杰作。惟其所据借自蒋槐堂之元本，与余所见元本又有异同。

施氏自言："其间各本皆讹者，则曰某字当作某。"各本《纪》二《太祖纪》，"遣宗斡止之"，施云："'斡'当作'榦'。"是本原作"斡"，并不作"榦"。《纪》五《海陵纪》贞元二年，"持环校"，施云："当作'持杯珓'。"是本原作"杯"，不作"环"，惟"校"字仍误。

各本互讹者，以南本为主，则曰："某字元作某，是；北作某，是。"或云："某字元作某，非；北作某，非。"各本《纪》第十六《宣宗纪》元光元年，"西面节度使"，施云："'西面'未详，元作'西西'，亦讹。"是本乃作"平西"，不作"西西"。《志》第十二《礼志·杂仪》，"后恐大丰"，施云："元作'复恐大丰'，是。"是本乃作"复恐太丰"，不作"大丰"。

各本俱脱者，则曰："当加某字。"各本《志》第三十七《百官志·侍仪司》注"率捧案擎"，施云："此下当加'执'。"是本原有"执"字。

各本俱衍者，则曰："某字当削"。各本《传》第八《宗亨传》，"札八诈称降"。施云："'称'字当削。"是本原无"称"字。

《传》第二十二《耨盌温敦思忠传》,"与习泥烈僧行"。施云:"'僧'字当削。"是本原无"僧"字。

上文所举是本诸字,皆见于原刊或初覆本者。与施氏所据之本皆不同。此不过略举其例,其他类是者不一而足。然则施氏所见者,犹非最胜之本欤!

大小字互易之商榷

施氏指摘写刊错误者七科。其中有二,曰"小字误大",凡八见;曰"大字误小",凡三见。均各言之成理。然亦有可商榷者。

《志》第五《地理志》,"庆州北至"二十八字,又"泰州北至"二十二字,施云:"当降作小注。"按本史《地理志》,府州境载四至者,只此二州。他境无例可援。惟净州、桓州,均有"北至某某如千里"之语,亦作正文。即不降作小注,于体例亦无不合。

《志》第三十七《百官志》,都巡河官注"大定二年设滹沱河巡河官二员"。施云:"十三小字当升作大字,改入《上诸都巡河官文》上。"按本节专言职掌之事,若以设置之事插入正文,似于上下文义反欠联贯。

考异所指有误

不独施氏,即钱大昕所见者,亦微有误。此可证诸《廿二史考异》。

《纪》第十《章宗纪》,承安二年八月,"左宣徽使蕾尚书右丞",钱云:"'啬'字不见于字书,必是传写之讹。"是本乃作"音"。

《传》第十二《宗翰传》,"蒲家奴宗翰鲁宗翰宗磐副之"。钱云:"'宗翰'字重复。上'翰'字当为'幹'之讹,'鲁'字疑衍。"是本乃作"蒲家奴宗翰宗幹宗盘副之"。

《传》第六十七《张仲轲传》,"宋余康弼贺登宝位"。钱云:"'康'当作'唐'。"是本原作"唐"。

又贞元二年正月,"宋贺正旦使施臣朝辞"。钱云:"'臣'当作'钜'。"是本却不作"钜",亦不作"臣",但作"巨"。

乌带传剜改遗迹

书经翻刻,必多错误。《传》第七十《乌带传》,诸本皆以"言本名"三字缀于上《唐括辩传》尾,而以"乌带"二字提行。钱大昕《廿二史考异》讥为可笑之甚。然若不见元刊初印本,实不知其致误之由。元本每行二十二字。《乌带传》第一行乃二十六字,第二行乃二十五字,均显有剜改痕迹。是必刊刻之时,误以此传与上《唐括辩传》连缀为一。嗣觉其误,乃剜改提行。而剜改之时,又误将"言本名"三字留于上行,其下适空七字,与本传第一、二行所增字数相合。覆本已无剜改之迹,然行字独增,亦尚可追其致误之由。若南、北监本及殿本,则行字均已改成一律,遂泯然无缝矣。

元 史

前后开修两次

目录后宋濂记,洪武元年十二月,诏修《元史》。明年,春二月丙寅开局,至秋八月癸酉,成《纪》三十有七卷,《志》五十有三卷,《表》六卷,《传》六十有三卷。顺帝无实录,遣使行天下,涉于史者,令郡县上之。又明年,春二月乙丑开局,至秋七月丁亥,又成《纪》十,《志》五,《表》二,《传》三十有六。钱大昕谓:"综前后廑三百三十一日。古今史成之速,未有如《元史》者。而文之陋劣,亦无有如《元史》者。"非虚言也。

宋濂续修后记

《元史》分两次修成。殿本削去宋濂后记,又臆改李善长进书表,将前后所修《纪》、《志》、《表》、《传》卷数并而为一,殊失真相。今补录宋濂后记如左:

> 洪武元年秋八月,上既平定朔方,九州攸同,而金匮之书悉入于秘府。冬十有二月,乃诏儒臣,发其所藏,纂修《元史》以成一代之典,而臣濂、臣祎实为之总裁。明年春二月

丙寅开局,至秋八月癸酉书成。《纪》凡三十有七卷,《志》五十有三卷,《表》六卷,《传》六十有三卷。丞相宣国公臣善长率同列表。上已经御览。至若顺帝之时,史官职废,皆无实录可征,因未得为完书。上复诏仪曹遣使行天下,其涉于史事,令郡县上之。又明年春二月乙丑开局,至秋七月丁亥书成。又复上进。以卷计者,《纪》十,《志》五,《表》二,《传》三十又六。凡前书有所未备,颇补完之。其时与编摩者则臣赵壎、臣朱右、臣贝琼、臣朱世濂、臣王廉、臣王彝、臣张孟兼、臣高逊志、臣李懋、臣李汶、臣张宣、臣张简、臣杜寅、臣俞寅、臣殷弼,而总其事者仍臣濂与臣祎焉。合前后二书,复厘分而附丽之,共成二百一十卷。旧所纂录之士,其名见于表中者,或仕或隐,皆散之四方,独壎能始终其事云。昔唐太宗以开基之主,干戈甫定,即留神于《晋书》,敕房玄龄等撰次成编。人至今传之。钦惟皇上龙飞江左,取天下于群雄之手。大统既正,亦诏修前代之史,以为世鉴。古今帝王能成大业者,其英见卓识若合符节盖如是,於戏盛哉。第臣濂等以荒唐缪悠之学,义例不明,文辞过陋,无以称塞诏旨之万一。凤夜揣分,无任战兢。今镂板讫功,谨系岁月次第于目录之左,庶几博雅君子相与刊定焉。洪武三年十月十三日,史臣金华宋濂谨记。

进书表之误改

今再摘录李善长进书表中数语如左:

元本	殿本
所谍元史本纪三十七卷志五十三卷表六卷传六十三卷目录二卷通计一百六十一卷凡一百三十万六千余字谨缮写装潢成一百二十册	所撰元史本纪四十七卷志五十三卷表六卷传九十七卷目录二卷通计二百十卷凡一百三十万六千余字谨缮写装潢成一百二十册

按所改卷数，与元本刊成卷数，并子卷计之，实际相合。宋濂记中有"合前后二书复厘分而附丽之共成二百十卷"之语，可覆按也。李表"若自元统以后则其载籍靡存已遣使而旁求俟续编而上送"云云，原与宋记相呼应。今以改本核之，则似元统以后，悉已搜罗，全史告成，无须续辑。前后语气，岂非自相矛盾？又李表字数为一百三十万六千余，今增入续修之书五十三卷，而字数一如其旧。抑何可哂！

殿本衍文

洪武本《纪》第三十六《文宗纪》第九叶末，"后至元六年六月以帝谋为不轨使明宗饮恨而崩诏除其庙主放燕"，此下复出《纪》四十《顺帝纪》第六、七叶"后至元六年放逐燕帖古思诏书中语遏之后祖母太皇太后至揆之大义削去"云云，凡四百字，适足一叶。前后并不衔接。今已撤去。北监本改易行款，仍误刊入第九、第十叶之间。殿本沿之，读者更无从索解矣。

殿本错简

洪武本《志》第五《授时历议》下，第十五、十六叶前后互倒，南、北监本其误相同。殿本改易行款，又仍叶号之讹，于是颠倒错乱，令人目眩。其文纪三国以来日食，至宋庆元元年，尚未完毕，忽杂入前代月食之文。南朝刘宋元嘉十一年后，继以赵宋嘉泰二年。元至元十四年后，继以梁中大通元年。庆元元年下，叠见"授时历"一行。刘宋元嘉十三年"十二月己巳望食，一更三唱食既"下，因有所阙，特加"授时历"三字以弥之。次行又接"大明历，亏初午初二刻"云云。并日月食为一事。如此乖谬，校刊者竟未之觉。何也？

殿本阙文

《志》第二十六《祭祀志·宗庙摄祀仪》四曰迎香，"献官司徒大礼使助奠官"下，殿本脱"从于舆后至庙入自南门至神门外百官仪卫皆止太常卿博士御史导舆三献司徒大礼使助奠爵官"四十字。《志》第四十七《兵志·镇戍》，泰定四年十二月，河南行省议设万户府，"摘军五千名"下，脱"设万户府随省镇遏枢密院议自至元十九年"十八字。《传》第二十七《达识帖睦迩传》，"张士信逼取江浙行省左丞相符印，徙达识帖睦迩"下，脱"居嘉兴事闻朝廷即就以士信为江浙行省左丞相达识帖睦迩"二十五字。然此非自殿本始，明监本即已如是。

殿本改译剜刻原书

清乾隆四年，武英殿版既已刊行，至四十六年，高宗以原书译名舛误，复命馆臣详加厘定，取原用之人名、地名、官名、物名，一一改正。此于书后附一对表，自可了然。乃不此之图，而就原书剜刻。有时所改之名，不能适如原用字数，于是取上下文而损益之。灭裂支离，全失本相。余尝得一部，坊肆以原改两本配合者，新旧杂糅，几于不可卒读。乾隆之世，号称太平，物力丰盛，何以不重刊新版，而为此苟且塞责之图？殊不可解。

改译口语为文言

《纪》第二十九《泰定帝纪》，其即位诏，洪武本为直译口语。乾隆四年刊本，仅"军上的诸王"句，易"上"作"士"，其余文字悉同。至后来修改之本，则全译为文言。虽见雅驯，然失却本来面目。史以传信，非所宜也。

洪武本原文	乾隆修改本译文
癸巳即皇帝位于龙居河大赦天下诏曰薛禅皇帝可怜见嫡孙裕宗皇帝长子我仁慈甘麻剌爷爷根底封授晋王统领成吉思皇帝四个大斡耳朵及军马达达国土都付来依著薛禅皇帝圣旨小心	九月癸巳即皇帝位于龙居河大赦天下诏曰朕考晋献武王色辰皇帝之嫡孙裕宗皇帝之长子也圣慈眷爱封授晋王统领青吉斯皇帝四大鄂尔多及军马达勒达国土就国以后恪

遵色辰皇帝圣旨小心谨慎凡军马人民一切事宜咸由正道而行故数年之间群臣各敬其事百姓得安其业嗣后谔勒哲图皇帝命朕继承藩服仍统领四大鄂尔多及北边军马翼戴朕兄库鲁克皇帝布延图皇帝朕侄硕迪巴拉皇帝历事累朝无贰尔心以继朕皇考固让之志恪恭厥职屏卫王家朕之行事诸王宗室臣民皆所素知今大行皇帝上宾迤南诸王大臣军士及诸王驸马臣僚达勒达百姓等咸谓天位不宜久虚乾纲固有专主近属之中惟朕为色辰皇帝嫡曾孙裕宗皇帝嫡冢孙以长以亲于义皆无可让况大行晏驾事变非常及今加意抚绥犹恐皇皇未定宜早正宸极镇安百姓使天下人心得宁朕以臣民劝戴之故俯顺舆情九月初四日即位于青吉斯皇帝之大鄂尔多布告中外咸与维新可大赦天下

谨慎但凡军马人民的不拣甚么勾当里遵守正道行来的上头数年之间百姓得安业在后完泽笃皇帝教我继承位次大斡耳朵里委付了来已委付了的大营盘看守著扶立了两个哥哥曲律皇帝普颜笃皇帝侄硕德八剌皇帝我累朝皇帝根底不谋异心不图位次依本分与国家出气力行来诸王哥哥兄弟每众百姓每也都理会的也者今我的侄皇帝生天了也么道迤南诸王大臣军上的诸王驸马臣僚达达百姓每众人商量著大位次不宜久虚惟我是薛禅皇帝嫡派裕宗皇帝长孙大位次里合坐地的体例有其余争立的哥哥兄弟也无有这般晏驾其间比及整治以来人心难测宜安抚百姓使天下人心得宁早就这里即位提说上头从著众人的心九月初四日于成吉思皇帝的大斡耳朵里大位次里坐了也交众百姓每心安的上头赦书行有

又洪武本无"九月"二字，以《英宗纪》三年秋七月辛卯朔及本卷同年十一月己丑朔推之，泰定帝即位之日为九月初四日，为癸巳。此癸巳实属于九月无疑。原文盖误脱也。

重出之传殿本未删尽

《元史·列传》复出，为前人所纠者，凡十有八。或为本人，或为其附见之父若祖、子若孙。乾隆剜改之版，去其一而留其一者凡五：去雪不台，原见《传》第九。留速不台，见《传》第八。改曰苏布特。去忽刺出，原附见《传》第二十《直脱儿传》。留直脱儿，见《传》第十。改曰齐都尔。去重喜，原附见《传》第二十《塔不已儿传》。留塔不已儿，见《传》第十。改曰塔本哲尔。去完者拔都，原《传》第二十。留完者都，见《传》第十八。改曰谔勒哲图。去阿答赤，原附见《传》第二十二《杭忽思传》。留杭忽思，见《传》第十九。改曰哈噶斯。而任其重出者凡八：曰阿术鲁，见《传》第十。改曰额斯伦，又附见于其孙怀都改曰《辉图传》中。见《传》第十八。曰也蒲甘卜，见《传》第十。改曰额卜甘布，又附见于其子昂吉儿改曰《昂吉尔传》中。见《传》第十九。曰石抹也先，见《传》第三十七。改曰舒穆噜额森，又复见石抹阿辛见《传》第三十九。改曰舒穆噜爱新。曰谭资荣，见《传》第五十四。又附见于其子《谭澄传》中。见《传》第七十八。昔人著书，后人取而删订之，原无不可。乃同一重见之文，而或弃或取，漫无抉择，恐仍是随手掇拾而已。

明　史

乾隆殿板有修改本

　　《明史》修成，在清雍正末年高宗继位之后。武英殿刊板，至乾隆四年竣工。至四十年，高宗以元时人、地名对音讹舛，译字鄙俚，谕令改订。并就原板扣算字数刊正。越二年，馆臣签改进呈。高宗又以《本纪》所载事实，每涉疏略，特派英廉、程景伊、梁国治、和珅、刘墉等考核添修，并有"亲阅鉴定重刊颁行"之语。未几又续派于敏中、钱汝诚为总裁，其后杳无所闻。近岁故宫博物院检获修正刊本，仅《本纪》二十四卷，影印行世。余取校初板，其蒙古人地名、汗号、官职，均已改译。增补字句，每卷溢出数行乃至数十行，多有仅涉文辞于史事全无出入者。此不过受命诸臣，奉有考核添修之谕，勉为敷饰，聊自塞责耳。馆臣签改进呈，必为全书添修之后。《本纪》既已重刊，何以未见颁行？《志》、《表》、《列传》当经剜改，何以亦未摹印？余颇疑《本纪》改刊，其他亦待覆刻，嗣以高宗倦勤，境过情迁，不加督责，事遂中废。仁和邵懿辰《四库简明目录标注》，《明史》下注"在方略馆见乾隆末年改定之本，惜已不全。仅《列传》百数十卷。中多签改。翻译人名、地名，亦间引他书签改本文，似乎未曾改刊"云云。是《志》、《表》、《列传》固未重刊，而亦未尝剜改也。

王氏补辑考证

　　殿本诸史均有《考证》。《明史》系出钦定，臣下不敢有所评骘，故独阙如。逮高宗一再指摘，受命考核诸臣乃敢为之。长洲王苇卿丈光绪中入值军机处，于方略馆获见卷一百十六至卷三百三十二凡二百十六卷《列传》人地名改译及修改字句处用黄签黏书进呈之本。继又得稿本四十余卷，卷面题"总裁英阅总裁于阅总裁钱阅及纂修官黄辑宋辑协修官严辑章辑罗辑"等字。案语与进呈本略同。最后又搜得正本三巨册，自卷一百十八至卷三百二十八，阙卷二百五十二至二百五十六。凡二百六卷。每卷题"明史卷几考证"，并详考总裁、纂修、协修、诸臣科第、历官年月，定为此书告成，在乾隆五十年以前。因取所得诸本，参观互证。汰其文义复沓及空衍无关宏指者，辑成四十二卷，题曰《明史考证捃逸》。哲嗣君九克承先志，复就文津阁《四库》写本校对，证为完书。且增辑三十余条，以补其尊人所据原书之阙。先后由嘉业堂刘氏刊行。

附　录

《百衲本二十四史》版本述要

《史记》 宋庆元建安黄善夫刊本

《四库全书提要》谓:"明代监本《史记》合集解、索隐、正义,散入句下,讹舛甚多,非震泽王氏刊本具存,无由知监本之妄删。"王本声价,可以具见。是为黄善夫刊本,即王本所自出。明有秦藩及柯氏两刻,均称善本,亦皆出于黄氏。昔黄绍箕游历日本,获睹是书,题作"庆元旧椠",当有所据。初由彼邦收回,原阙六十七卷,近向南海潘氏、江安傅氏及日本上杉侯爵先后借补,幸成完璧。

《汉书》 宋景祐刊本

此为北宋景祐宋祁、余靖等参校刊正之本。钱大昕《养新录》、王念孙《读书杂志》均经证明,元大德、明正统两次覆刻,具从此出,可为现存班《书》最古之本。顾千里跋颜注班《书》"行世诸刻大约源于南宋椠本,惟是刻独存北宋时面目。惜补版及剜损处无从取正,然可据是以求其添改之迹,诚今日希世宝笈"云云。观于颜注比殿本增多,信非虚语。先后为倪云林、毛子晋、季沧苇、徐健庵、黄荛圃、汪阆源收藏,弥见珍重。

《后汉书》 宋绍兴刊本

《本纪》十卷后接《列传》八十卷，大题卷数凡九十。《续汉书志》三十卷附《列传》后，卷数不相衔接，不似殿本儳入《纪》、《传》之间。版刻于绍兴之初，故"桓"字作"渊圣御名"，间有剜改或已剜未补者。"构"字则作"今上御名"。其他历代庙讳、嫌名均缺笔惟谨，"轩辕"二字亦避，则他书甚罕见也。殿本以刘攽《刊误》散入注内，所指误字此多未误。如谓据刘氏所刊订正，又何以或改或不改，岂刘氏所见之本不及是所从出之善欤？章怀注，殿本时有短缺，虽不如《史记集解》《正义》、《汉书》颜注脱略之甚，然由数字乃至数十字亦层见迭出。是本均可补正。

《三国志》 宋绍熙刊本

此为南宋刊本。宋讳避至"敦"字为止，盖光宗时刻也。字字匀整，与黄善夫《史记》、曾三异《五代史记》相埒。《国志》旧本最为罕见，聊城海源阁藏十行十八字本，杨绍和跋谓与钱氏《考异》，"刭殡侯"一条殿本考证所疑各字一一相合，夸为弥足珍贵。此本悉与相同，其他足以订正殿本者尚复不少。杨本抄配五卷，此则通体精刊，是更出于其右矣。

《晋书》 宋绍兴重刊北宋本

是书向为王弇州、项子京、毛子晋、宋牧仲所藏。毛氏且称为可宝。中有数卷，抄配极精，即《东湖丛记》所云王弇州手抄补缺之卷也。《晋书》素乏善本，尝以是本并别一宋本及元刻十行本、明覆宋刻九行大字本与殿本互校，虽各有可以订正殿本之处，而各本之讹字脱文亦往往发见，故均未能认为佳刻。是本"構"字缺笔，而"祯"字仍作"御名"，犹为绍兴中翻雕北宋监本。数本之中，要为差胜耳。

《宋书》 宋蜀大字本配元明递修本

晁公武《郡斋读书志》"治平中曾巩校定《南齐》、《梁》、《陈》三书，上之，刘恕等上《后魏书》，王安国上《周书》。政和中始皆毕，颁之学官，民间传者尚少。未几，遭靖康丙午之乱，中原沦陷，此书几亡。绍兴十四年，井宪孟为四川漕，始檄诸州学官求当日所颁本。时四川五十余州皆不被兵，书颇有在者，然往往亡缺不全。收合补缀，独少《后魏》十余卷。后得宇文季蒙家本，偶有所少者。于是七史遂全。因命眉山刊行"云云。以下七书皆眉山刊本，此即其第一种。《志》第二十五《州郡》一、《传》第二十七《谢灵运》、《传》第三十九《桂阳王休范》，均有讹脱，犹仍古本之旧。至殿本考证所指讹字，此犹多未误者。惟《传》第一沈婕妤讳容□□□□人也，中空四格，殿本以"不知何许"四字实之；《传》第二王弘，中阙十二字，殿本虽不阙，而词意仍不可解。其他殿本有字，此作空格或旁注阙字者不知凡几，殊令人有犹及阙文之感。全书百卷，原阙三十三卷，近由吴兴刘氏借得二十二卷，余以元明递修本配。

《南齐书》 宋蜀大字本

是书通体仅有元补,而无一明刻。《志》第六《州郡》上、《列传》第十六、第二十五、第三十九,殿本阙去四叶。世行各本皆同。是本前二叶尚存,仅阙其二,可称孤本。

《梁书》 宋蜀大字本配元明递修本

原本多避唐讳,如"虎"之改"兽"或"武","渊"之改"泉"或"深","世"之改"代","民"之改"人","丙"之改"景"。是刻多仍其旧,犹见原书真相。《本纪》第五,《列传》第七、第十五、第三十三,校语均存,为世行各本之所未见。全书五十六卷,中有十六卷半以元明递修本配。

《陈书》 宋蜀大字本

殿本孙人龙跋:"宋嘉祐时,镂版行世,参校诸臣于其疑者不敢损益,疏于篇末。今古本既不可见,国子监所存旧板舛讹殊甚,篇末所疏疑义亦无一存。"按其所言,是即三朝本亦未之见,况为通体完善之宋本乎?卷中间有元补,无一明刻,篇末所疏疑义共存四条。

《魏书》 宋蜀大字本

冯梦祯万历重雕《魏书》序,谓:"南监所藏唐以前诸史,独此书刓敝甚,欲更新之,苦无善本。断篇缺字,所在而有。"孙人龙乾隆殿本校刊后跋,亦云:"明刻二十一史,此书最为刓敝。"按殿本卷三《太宗纪》,卷六《显祖记》,卷四十《陆丽传》,卷五十一《吕罗汉传》,卷七十七《高崇传》,卷一百五之二、之四《天象志》,均有残阙。此犹未损。钱大昕《廿二史考异》谓:"刘攽、刘恕、范祖禹皆长于史学,此书考证较它书为精审,乃卷三校语原文三百余字,殿本全佚,其他亦多所阙略,此均未失。足见当时参校之本不及是之完善。"光绪初年,华阳叶氏得有宋刻全部,王先谦用校汲古刊本,核其所指各节,犹视此本为逊。后叶氏携归粤东,不知尚在人间否?全书一百十四卷,原阙三十七卷,拟以元明递修本配。今由吴兴刘氏借得宋本,补配完全。

《北齐书》 宋蜀大字本配元明递修本

《本纪》第三、第五、第七、第八,《列传》第二、第三、第四、第五、第六、第七、第二十、第二十一、第二十五、第二十六、第二十七、第二十九、第三十卷末,均有校语。钱大昕疑为明人校刊所题,且以李百药结衔之误,斥明人之无学。盖未尝见此本也。使生今日,得据此本以资校勘,不知如何愉快。全书五十卷,中有三十四卷以元明递修本配。

《周书》 宋蜀大字本

殿本金文淳跋,谓宋本不可得见。吴兴陆氏仪顾堂藏有是本,谓"以校汲古阁本,讹夺甚多,乃知宋本之善"。按殿本已加纠正,较胜汲古,然以宋本校之,则讹脱所在多有。摘印殿本一叶《贺兰祥传》,脱去六十二字,"留于"误作"留守",即其例也。通体精整,间有元明修补之叶。

《隋书》 元大德刊本

元大德丙午建康道廉访司徇太平路之请,分行十路儒学,合刻《十七史》,为元代路学最善之本。是书版心有"路学"、"尧学"、"浮学"、"番泮"、"乐平"、"锦江"等字,盖元饶州路覆刻宋本也。前人取校汲古古[①],仅《经籍志》四卷订正讹夺至八十余字。今校殿本,此四卷内讹夺亦略相等。即摘印一叶,后十行中可以纠正殿本者已有九字。或谓《天禄琳琅书目》"有宋嘉定本《隋书》,想即殿本所从出,宜乎非元季官书所及"云云,未可信也。

《南史》 元大德刊本

此亦元大德建康《十七史》之一。中缝不记刊刻地名。《列传》

---

① 编按:下"古"字,疑当作"本"。

第七十末叶版心下方题"桐学儒生赵良粲谨书,自起手至阁笔凡十月"小字二行,良粲名见《宋史·宗室世系表》商王房下。县名有"桐"字者不一,不知属于何路。字迹圆密,写刻雅近南宋。元季路学刊本,凡数见他刻讹字,此本皆不讹。略有缺卷,以至顺本补配。

《北史》 元大德刊本

此与《南史》板匡一式,刻画略瘦。版心有"信州路"、"信州儒学"、"玉山县学"、"永丰儒学"、"弋阳县学"、"贵溪县学"、"象山书院"、"稼轩书院"、"蓝山书院"、"道一书院"等字。盖信州路刊本也。瞿氏铁琴铜剑楼、陆氏皕宋楼《藏书志》所举残宋本脱误甚夥,此本转多未误。

《旧唐书》 宋绍兴刊本配明嘉靖本

是书旧刻,存世仅有明嘉靖闻人诠本。按闻人叙谓:"酷志刊复,穷搜力索,具出宋时模板。"文徵明叙亦谓:"书久不行世,无善本,遍访藏书之家,残章断简,悉取以从事。"是在明中叶,是书宋刻已极罕见。今何幸阅四百余年而宋本复出,且尚存六十九卷。末有"左奉议郎充绍兴府府学教授朱倬校正"一行者凡十一卷,与文叙所称越州刊本正合。所阙各卷即以闻人本配补,并以叶石君据钱遵王所藏至乐楼钞本校过,此本多与之合。

《唐书》 宋嘉祐刊本

前有嘉祐五年六月曾公亮进书表。宋讳避至"祯"字止,而不及英宗以下,故昔人定为嘉祐进书后第一刊本。刘昫书刊于南宋绍兴之初,与此行款悉同,或朱倬辈先见是刊,而后仿刻,以为之配欤?以较殿本,如《地理志》第二十八"陕州"下,是本增三十五字;《艺文志》"卢受采集"下增十三字;《表》第一《宰相》上,"贞观四年"下增十一字;《表》第三《宰相》下,"乾符元年"下增十二字;《表》第十上《宗室世系》,"大郑王房宗正卿翼"下增十字。略举数则,已足见殿本校刊之率略矣。

《旧五代史》 吴兴刘氏刊原辑大典本

薛氏原书今已散佚。此辑自《永乐大典》,《四库全书》写本均注原辑卷数,其采自他书者同。存阙章句,藉可考见。后武英殿镌板一律芟削。彭文勤当日屡争不从,薛氏真面遂不复见,人多惜之。江西熊氏曾以库本影印,南浔刘氏复据旧钞刊行。以校殿本,除《大典》及他书从出卷数及案语外,异同尚复不尠,而刘本又比库本稍详。摘印张砺传一叶,可为证也。

《五代史记》 宋庆元刊本

是书卷十八末有"庆元五年鲁郡曾三异校定"一行,盖宁宗时刊本。卷二十三、卷二十四、卷三十四、卷五十七、卷五十八末亦各有"鲁郡曾三异校定"一行，而不记年号。凡吴缜《五代史纂误》及钱大昕《廿二史考异》、王鸣盛《十七史商榷》所订正者，是本多与相合。《直斋书录解题》谓"欧公集遍行海内而无善本，周益公以其所编之本属旧客曾三异校正，益无遗恨"云云。以此例彼，此为曾氏校定，故是精审。

《宋史》 元至正刊本

明成化朱英《重刊〈宋史〉序》称："借漳浦陈布政家钞本传录，稍有残缺，后于浙中续得善本，始克成书。"是在明代，此本已不易得。迄于今日，则成化《宋史》亦极罕见矣，又况此为第一刊本。前有阿鲁图等进史表、修史官员衔名、至正六年咨浙江等处行中书省咨文，皆殿本所不载。又《本纪》第三十五，殿本失去一叶，复出第三十三一叶。此本不误。《列传》第五十一《田况传》，殿本脱一叶。此本具存。古人云，书贵初刻，益信然矣。

《辽史》 元至正刊本

前有圣旨两道暨三史凡例、修史官员衔名，均殿本所无。此为元刊，然与《金史》初印本相较，字体稍异，恐系覆本。其足以订正殿本者亦颇不少。

《金史》 元至正刊本

卷首进书表、修史官员衔名与殿本同，又有江浙等处行中书省准咨委官印造公文，为殿本所不载。殿本卷三十三暨初版卷七十六各阙一叶，卷十四、卷十七、卷五十六、卷六十二、卷六十六、卷一百一、卷一百二十五，各有阙文。此均完好无损。乌程施国祁《金史详校》订正各字犹多未误。盖此为初印之本，施氏当日所未见也。

《元史》 明洪武刊本

卷首有洪武二年八月李善长等进书表，目后有洪武三年十月宋濂记，纪先后成书源委甚详。是《元史》第一刻也。用校殿本，讹夺甚多，如卷三十六《文宗纪》衍四百余字；卷七十五《祭祀志》、卷九十九《兵志》、卷一百四十《达识帖睦迩传》，各脱十余字至数十字不等。略举一斑，已可概见。又殿本卷五十三，错简多至三叶，非得是本，几无从索解矣。

《明史》 清乾隆殿本 附《考证捃逸》

殿本二十三史均有考证，独《明史》阙如。长洲王颂卿先生于光绪季年入直枢院，在方略馆觅得《明史》卷一百十六至卷三百三十二黄签案语进呈本，嗣又得考证正本三册，卷数略少，文字亦稍有异同。因参观互证,汰其文义复沓及空衍无关宏旨者,成《明史考证攟逸》四十二卷。然颇疑是书未全。后二十年,哲嗣君九部郎获见文津阁《四库全书》,检阅《明史》所附考证,实始自卷一百十六,逐条对勘,乃知遗漏甚少,足为完书。并选得有关考证者三十余条,列为补遗。吴兴刘氏为之汇刊行世,列入《嘉业堂丛书》,今特景印,以附《明史》之后,俾读者有所参订焉。

(《百衲本二十四史预约样本》,商务印书馆,1930年)

《百衲本二十四史》序跋

《百衲本二十四史》前序

昔司马温公尝言："少时惟得《高氏小史》读之。自宋迄隋正史，并南、北《史》，或未尝得见，或读之不熟，今因修南、北朝《通鉴》，方得细观。"章实斋又言："《通鉴》为史节之最粗，而《纪事本末》，又为《通鉴》之纲纪奴仆。尝以此不足为史学，而止可为史纂、史钞。"由是言之，为学不可不读史，尤不可不读正史。正史汇刻之存于今者，有汲古阁之《十七史》，有南、北监之《二十一史》，有武英殿之《二十四史》。南监本多出宋、元旧椠，汲古开雕，亦称随遇宋版精本考校，然今皆不易致。北监本校勘未精，讹舛弥甚，且多不知妄改，昔人久有定评。其为世最所通行者，莫如武英殿本。数十年来重梓者，有新会陈氏本，有金陵、淮南、江苏、浙江、湖北五局儳配汲古合刻本；活版者有图书集成局本；石印者有同文书局本，有竹简斋本，有五洲同文局本，先后继起，流行尤广。惟是殿本校刻，虽号精审，而天禄琳琅之珍祕，内阁大库之丛残，史部美不胜收，当日均未及搜讨，仅仅《两汉》、《三国》、《晋》、《隋》五史，依据宋、元旧刻，余则惟有明两监之是赖。迁《史·集解》、《正义》多所芟节，《四库提要》罗列数十条，谓"皆殿本所逸，若非震泽王本具存，无由知其妄删"。然何以不加辑补？琅邪、章怀两《汉》旧注，殿本脱漏数字，乃至数百字不等。宋嘉祐时校刊《七史》，奉命诸臣，刘、范、曾、王皆绩学之士，篇末所疏疑义，备极审慎，殿本留贻，不逮其半。实则淳化、景祐之古本，绍兴、眉山之覆刻，尚存天壤，何以不亟探求，任其散佚？是则检稽之略也。《后汉续志》别于范《书》，殿本既信为司马彪所撰，而卷首又称刘昭《补志》，且并为百二十卷，厕八《志》于《纪》、《传》之间。《国志》鼎立，分卷各殊。殿本既综为六十五卷，而三《志》卷数，又仍各为起讫。其他大题小题之尽废旧式者，更无论矣。是则修订之歧也。薛氏《五代史》，辑自《永乐大典》及其他各书，卷数具载原稿，及锓版之时，悉予刊落，后人欲考其由来，辄苦无从循溯。又诸史均附《考证》，而《明史》独否。虽乾隆四十二年有考覈添修之诏，而进呈正本，迄未刊布，且《纪》、《志》、《表》之百十六卷，犹从盖阙。是则纂辑之疏也。蜀臣关羽，传自陈寿，忽于千数百年后，强代秉笔，追谥忠义。薛《史》指斥契丹，如"戎王"、"戎首""狎犹"、"贼寇"、"伪命"、"犯阙"、"编发"、"犬羊"等语，何嫌何疑，概为改避？又明修《元史》，洪武二年，先成《本纪》三十七，《志》五十三，《表》六，《传》六十三，《目录》二。翌年续成《纪》十，《志》五，《表》二，《传》三十又六，厘分附丽，共成二百一十卷，一见于李善长之《表》，再见于宋濂之《记》，殿本则取先后成书之数，并为一谈。李《表》既非原文，宋《记》复失存录，是则删窜之误也。南齐巴州之《志》，桂阳、始兴二王之《传》，蜀刻大字曾无阙文。果肯访求，何难拾补？然此犹可曰孤本罕见也。宋孝宗之《纪》，田况之《传》，至正初刊，均未残佚，而何以一则窜合二字，充以他叶；一则脱去全叶，文理不贯？然此犹可曰初版难求也。《金史·礼仪志》、《太宗诸子传》,初印凡阙二叶,嗣已出内府藏本校补矣。而后出之本,一乃补自他书,一仍空留素纸。其他少则一、二句,多至数行数十行,脱简遗文,指不胜屈。犹不止此,阙文之外,更有复叶。如《宋史》卷三十五之《孝宗纪》,《元史》卷三十六之《文宗纪》是。复叶之外,更有错简,如《元史》卷五十三之《历志》是。此则当日校刻诸臣,不能辞其粗忽之咎者也。

长沙叶焕彬吏部语余:"有清一代,提倡朴学,未能汇集善本,重刻《十三经》、《二十四史》,实为一大憾事。"余感其言,慨然有辑印旧本正史之意。求之坊肆,匄之藏家,近走两京,远驰域外。每有所觏,辄影存之。后有善者,前即舍去,积年累月,均得有较胜之本。虽舛错疏遗,仍所难免,而书贵初刻,洵足以补殿本之罅漏。诵校粗毕,因付商务印书馆,用摄影法覆印行世。缩损版式,冀便巾箱;真面未失,无虑尘叶。或为有志乙部者之一助欤!中华民国十九年三月朔日,海盐张元济。

《百衲本二十四史》后序

逊清文治,盛称乾隆。高宗初立,成《明史》,命武英殿开雕,至四年竣工。继之者《二十一史》。其后又诏增刘昫《唐书》,与欧、宋《新书》并行。越七年,遂成武英殿《二十三史》。四库馆开,诸臣复据《永乐大典》及《太平御览》、《册府元龟》等书,裒辑薛居正《旧五代史》,请旨刊布。以四十九年奏进,于是《二十四史》之名以立。按乾隆元年诏颁《二十一史》于各省会及府、州、县学,综计当需千数百部。监本刓敝,不堪摹印,度其事必未能行,故有四年重刻之举。高宗制序,亦有"监本残阙,并敕校雠,以广刊布"之言。是始意未尝不思成一善本也。"迁史"、"欧书",人争诵习,天水旧椠,讵乏贻留,且宋、辽、金、元相去未远,至正、洪武初印原本尤不至靡有孑遗,乃悉舍置不问,而惟踽踽于监本之下,因陋就简,能无遗憾? 在事诸臣既未能广事搜求,复不知慎加校勘。佚者未补,讹者未正,甚或弥缝缺失,以赝乱真。改善无闻,作伪滋甚。余已一一指陈,疏诸卷末。非敢翘前哲之过,实不欲重误来学也。刘、薛二《史》,几就消沉,并予阐扬,堪称盛举。余于闻人旧刻更得其绍兴祖本,虽仅三分有一,要亦人间未见之书。所惜者,"薛史"散亡,难窥真相。曩闻赣南故家尚存残帙,早成劫灰,而南京路转运司之锓本流转于岭南江左之间,若存若亡,莫可踪迹。不得已而思其次,乃以《大典》注本承之,抑亦艺林所同憾矣。景印之始,海宇清宁,未及两年,战氛弥布。中更闸北之乱,抱书而走。乱定掇拾,昕夕无间,先后七载,卒底于成。世之读者,犹得于国学衰微之日,获见数百年久经沉霾之典籍,相与探本而寻源,不至为俗本所眩瞀,讵不幸欤!国立中央研究院、北平图书馆、江苏省立国学图书馆网罗珍籍,不吝通假。常熟瞿君良士、江安傅君沅叔、南海潘君明训、吴县潘君博山、海宁蒋君藻新、吴兴刘君翰怡复各出所储,以相匡助。亦有海外儒林,素富藏弆,同时发箧,远道置邮,使此九仞之山,未亏一篑。《诗》曰:"中心藏之,何日忘之。"抚兹编者,幸同鉴焉。中华民国二十六年二月立春日,海盐张元济。

(百衲本《史记》卷首,商务印书馆,1936年)

宋黄善夫刻本《史记》跋

迁《史》旧注，今存者三家：曰宋裴骃《集解》，曰唐司马贞《索隐》，曰唐张守节《正义》。其始皆别自单行，与《史记》卷数不相合。隋、唐《志》：《集解》八十卷，《新唐·志》：《索隐》、《正义》各三十卷。今《集解》有单刻本，然已散入，与正文相附。王鸣盛谓："以一篇为一卷，疑始于宋人。"《正义》旧本失传，卷帙次第，亦无可考；独《索隐》存毛氏覆本，卷数如旧。《四库总目》谓三家合为一编，始于北宋。《天禄琳琅》三家注合刻者凡四种：其一嘉祐二年建邑王氏世翰堂镂版；其二嘉定六年万卷楼刊，然实以明慎独斋本、秦藩本伪冒，近人已有定评；其三目录后有校对宣德郎秘书省正字张耒八分书条记，号为元祐椠本。今其书不存，真伪难定。独所载《索隐后序》，有"绍兴三年四月十二日右修职郎充提举茶盐司干办公事石公宪发刊，至四年十月十二日毕工"印记者。参以钱泰吉《甘泉乡人稿》"柯本《索隐序》后亦有此语"云云，当可征信。北宋本有无不可知，要必以此为第一刻，今其本亦不存。存者，独黄善夫本。黄氏刊版年月不详，以避光宗嫌讳推之，又后绍兴五六十年矣。明代覆黄氏本者，有震泽王延喆及秦藩鉴抑道人二本，同时，尚有莆田柯维熊本，行款相同，或谓其亦出黄氏，然何以有绍兴石公宪发刊印记？余颇疑黄氏亦祖石刻，故与柯本行款一贯，特绍兴原刻今已不传，迁《史》三家注本，自当以此为最古耳。《集解》、《索隐》传本尚夥，独《正义》唯见此刻。明代监本于原文多所删节，《四库总目》谓苟非震泽王氏刊本具存，无由知其妄删。因撮举所遗者六十五条,且云其一、两字之出入者不可毛举,然震泽王本亦不尽与黄本同,其所遗佚,不少概见。《周本纪》,"虏褒姒,尽取周赂而去"句下,有《正义》曰,"按《汲冢书》,晋咸和五年,汲郡汲县发魏襄王冢,得古书册七十五卷"二十六字。《孝武本纪》,"其北治大池渐台"句下有"颜师古云:渐,浸也。台在池中,为水所浸,故曰渐。按王莽死此台也"二十五字。《律书》,"律中仲吕"句下,有"中音仲,《白虎通》云:言阳气将极中。充,大也,故复中言之也"二十二字。"北至于参"句下,有"音所林反"四字。"即天地二十八宿"句下,有"宿,音息袖反,又音肃,谓东方角、亢、氐、房、心、尾、箕;南方井、鬼、柳、星、张、翼、轸;西方奎、娄、胃、昴、毕、觜、参;北方斗、牛、女、虚、危、室、壁,凡二十八宿,一百二十八宿星也"五十八字。"十母"句下,有"甲乙丙丁戊己庚辛壬癸"十字,"十二子"句下,有"子丑寅卯辰巳午未申酉戌亥"十二字。《甘茂列传》,"自殽塞及至鬼谷"句下,有"三殽在洛州永宁县西北"十字。《信陵君列传》,"赵王田猎耳,非为寇也"句下,有"为,于伪反"四字。《范雎列传》,"譬如木之有蠹也"句下,有"音妒,石桂虫"五字。此皆建安黄本之所有,而震泽王本之所无。王士禛《池北偶谈》云:"延喆性豪侈,一日有持宋椠《史记》求鬻者,索价三百金,延喆给其人曰:姑留此,一月后来取直。乃鸠工就宋本摹刻,甫一月而毕。"此实谰言。今王本《索隐》后序末木记七行,明明有"工始嘉靖乙酉蜡月迄丁亥之三月",及"重加校雠"之语。为时十有四月,且财力充牣,剞劂之事,宁不精审,而顾有此缺憾者,必其所得黄本中有残佚,不得已以他本足之,故有如干叶,行数字数不能与黄本密合。上文所举已佚之一百七十六字,即缘于此。明人刊书,武断最甚。余尝以是刻与监本对勘,《集解》全删者四百九十九条,节删者三十五条;《索隐》全删者六百一十三条,节删者一百二十二条;而以《正义》为尤多:全删八百三十七条,节删一百五十七条。《四库》馆臣既知监本之不可信,据王本补辑,乃殿本所脱者,即以王本考之,仍有《集解》三十五条,不全者七条;《索隐》二十五条,不全者十九条;《正义》五十二条,不全者四十八条。裴、马二注,犹有他本,《正义》则独赖此本之存。馆臣非不自知,而何以犹任其阙略乎?使是书长留海外,不复归于中土,抑或简断编残,不获通假,俾完原璧,则此百条之《正义》,岂终不长此沉霾乎?是不能不为是书庆已!海盐张元济。

(百衲本《史记》卷末,商务印书馆,1936年)

北宋景祐刻本《汉书》跋

此为百宋一廛中史部之冠,今藏瞿氏铁琴铜剑楼。钱晓徵、黄荛圃、顾千里均定为北宋景祐刊本。原阙《沟洫》、《艺文》二志,配以大德覆本。又残损漫漶者十余叶,亦以元刻补配。是本之胜,瞿氏《藏书目录》纪述綦详,兹可不赘。卷中原有明人周迁叟朱墨校语,蝇头细楷,不可缩印,且所录为宋刘之问刊本(王鸣盛《十七史商榷》、吴骞《愚谷文存》、杨绍和《楹书隅录》均作"之同";瞿氏书目作"之同"。惟王先谦《汉书补注》作"之问"。嘉靖南监本同,但字稍模糊。余见初印宋本,实作"之问"。)宋祁校语。今武英殿本悉已采入,人尽获见,故悉芟削。昔全谢山、钱警石均于宋祁校语有所不满,谢山至斥为"南渡末年麻沙坊中不学之徒依托为之"。所举五疑，言之成理。后人依托，事成可信。然竟谓所引南本、浙本、越本、邵本信口捏造，则未免过甚其词。按武英殿本齐召南《跋》："凡监本脱漏，并据庆元旧本补缺订讹。"又卷一上《考证》谓："监本脱宋祁一段，今从宋本。凡三刘《刊误》，宋祁、朱子文诸说，别以一圈，脱者俱补。"是则殿本所采，悉出之问刊本无疑。综计所引，有淳化本、景德本、景本、监本、学官本、学本、史馆本、江南本、江本、南本、南浙本、江浙本、两浙本、浙本、吴越旧本、赵本、建本、邵本、唐本、韦本、赵本、晏本、王本、杨本、谢本、郭本、姚本、李本、别本、旧本、古本、新本并景祐本。或同名异称，或浑言泛指，实亦不过二十余种。景祐元年余靖上言，已有参括众本之语。《崇文总目》亦云："宋祁、余靖等雠对三史，悉取三馆诸本以相参校。"此二十余种者，安知不即在所谓众本诸本之中，即有非宋祁及见之本，而景祐刊成，至之问刻跋之庆元嗣岁，中更百六十载。当时剞劂盛行，班《史》人所必读，公私各家，安知无好事之徒，私淑宋说，参以己见，竞为流通，灾及梨枣。遂致精粗美恶，并行于一时也。是本为宋祁、余靖诸人校定，增损改正凡若干字，俱有纪录，至极精审。核之宋祁校语，与相印合者，凡四百九十余条。则其所引之本，亦必各有由来。慎选精择，而非无知妄作者之所能为。高邮王念孙精于雠勘之学，其校《汉书》，往往引宋祁校语以纠正时本。瞿氏《目录》所举二条外，如《武纪》："征和三年，丞相屈氂下狱要斩，妻子枭首"，是本无"子"字，与所谓旧本合。《元纪》："永光元年，赐吏六百石以上爵五大夫勤事吏二级，为父后者民一级"，是本无"为父后者"四字，与所谓赵本合。《礼乐志》："四时舞者，孝文所作，以明示天下之安和也"，是本无"明"字，与所谓邵本合。《郊祀志》上："以牡荆画幡日月北斗登龙,以象大一三星为泰一键旗",是本无"旗"字,与所谓越本、新本合。又"作二十五弦及空侯瑟自此起",是本"空"作"坎",与所谓邵本合。又"遂至东莱,东莱宿留之",是本不叠"东莱"二字,与所谓淳化本合。《地理志》上:"桂阳郡桂阳汇水南至四会入郁林",是本无"林"字,与所谓景本合。《王陵传》:"平日各有主者",是本无"各"字;《郦商传》:"得丞相守相大将军各一人,小将军二人",是本无二"军"字;《周昌传》:"于是苟昌自卒史从沛公",是本"自"作"以",皆与所谓越本合。《任敖传》:"苍尤好书,无所不观,无所不通,而尤邃律历",是本"尤好"作"凡好",与所谓学官本合。《申屠嘉传》:"其见宠如是",是本无"见"字,与所谓越本合。《晁错传》:"前击后解与金鼓之音相失",是本"音"作"指",与所谓学官本、越本合。《郑当时传》:"客至亡贵贱,亡留门下者",是本无"下"字,与所谓邵本合。《枚乘传》:"此愚臣之所以为大王惑也",是本无"以为"、"王"三字,与所谓景德本合。又"上书北阙,自陈枚乘之子,上得之大喜",是本无"之"字;《霍去病传》:"元狩三年春为票骑将军",是本"三年"作"二年",皆与所谓越本合。《公孙敖附传》:"以将军出北地后票骑失期",是本无"失"字,与所谓景德本合。《司马相如传》、《子虚赋》,"其山则盘纡岪郁,隆崇律崒",是本无"隆崇律崒"四字;又《谕告巴蜀民檄》:"今奉币使至南夷",是本"使"作"役";《司马迁传》:"及如左邱明无目,孙子断足",是本无"明"字;《武五子·燕剌王旦传》:"是时天雨虹,下属宫中饮井水,井水泉竭",是本无"泉"字;《严助传》:"留军屯守空地,旷日持久",是本"持"作"引";皆与所谓越本合。《匡衡传》:"贤者在位,能者在职",是本"在职"作"布职",与所谓越本、别本合。《孔光传》:"故霸还长安子福名数于鲁奉夫子祀",是本无"安"字,与所谓浙本合。《南粤传》:"大后怒镗嘉以矛",是本"镗"上有"欲"字,与所谓别本合。《叙传》下:"后昆承平亦有绍土",是本作"亦犹有绍",与所谓监本、浙本、越本合。此皆时本误而景祐本不误,宋祁所举各本亦不误者。其他讹文、脱字、衍文、俗字,为景祐本所不免。且赖所举各本以是正者,亦尚不尠。经王氏之甄录,而原有之价值益明。平心论之,之问镌刻之时,既见景祐本,而又见同时通行之本,意在集取众长,袭谬沿讹,遂亦并至。所举各本,今无一存。而犹得考见一二,为读班《史》者之助。且以补景祐本之不及,不可谓非之问功也。余夙为之问不平,因校是本而为之辨护如右。海盐张元济。

(百衲本《汉书》卷末,商务印书馆,1930年)

宋绍兴刻本《后汉书》跋

班《书》既成,欲觅一同式之范《书》,不可得。先是涵芬楼收得此本,因取以为配。书中避宋讳者:有玄、玹、纹、骠、縣、懸、懸、朗、朗、朓、劭、偢、驚、警、竟、镗、殷、弘、匡、㲼、筐、恇、怔、㳀、佋、佋、胤、胤、胤、靪、穎、穎、恒、禎、禎、植、桓、偵、偵、湞、貞、貞、徵、懲、譚、㪇、稹、署、署、曙、樹、澍、豎、豎、豎、豎、竪、裇、項、項、昷、旭、畜、戍、戍、傴、倇、傴、煦、构、桓、垣、苷、苷、丸、紈、泞、莞、筼、構、構、榪、搆、搆、媾、賻、賻、賻、賻、遘、遘、遘、縠、縠、雒、雒、雒、鵅、坵、訤、㻒、㻒、瑾、慎、慎、轩、轩等字。"桓"、"構"二字,时作"渊圣御名"及"今上御名"。其为字不成者,迹多剜改,且有已剜未补,遂留空格者。"瑗"、"玮"、"慎"三字亦缺笔。是盖刊于高宗南渡以还,而成于孝宗受禅之后。至避"轩辕"二字,则以真宗大中祥符七年禁文字斥用黄帝名号,故视同庙讳。是则他书所罕觏也。钱泰吉校是书时,所见有义门校《本纪》第三至第九卷之残宋本,校《律历志》至《礼仪志》之北宋小字残本,校《郡国志》第十九至二十二卷之宋一经堂本,小山校《蔡邕传》之抄补北宋本,又校第九十卷之淳化校定本,又麻沙刘仲立本。近人常熟瞿氏、聊城杨氏、德化李氏、乌程刘氏,亦均藏有宋刻,然无一与此合者。昔人校勘范《书》,莫详于宋之刘攽。《宋史》言"攽邃史学,作《东汉刊误》,为人所称颂"。刘氏钻研至深,所据之本必多,然吾颇疑其未及兹所从出之本。是本《帝纪》第一下,《光武帝纪》:"建武九年,初置青巾左校尉官","十五年,复置屯骑、长水、射声三校尉官","十九年,复置函谷关都尉"。又《列传》卷第九《耿国传》:"遂置度辽将军"。四"置"字均不误"致",而刘氏则均谓:"'致',宜作'置'。"并于初见注下,谓"'致'字训送诣"。上文光武为司隶致僚属,招致之义,可作致字,盖缘前文,遂误此字。卷二《明帝纪》:"亦复是岁更赋",注:"当行者不可往,即还,因住一岁","住"不误"任",而刘氏则谓:"'困任一岁',案'任'当作'住'。"卷三《章帝纪》:"建初四年,教学为本",注:"夏曰校","校"不误"教",而刘氏则谓:"'夏曰教','教'当作'校'。"卷八《灵帝纪》:"熹平四年,为民兴利",注:"《前汉·地理志》及《续汉郡国志》并无监。今蒲州安邑县西南有盐池。""无监"不误"无盐","盐池"不误"盐城",而刘氏则谓:"注'盐城'当作'盐池'耳。及'无盐'字下当有一'监'字。"又,"中平六年,上军校尉蹇硕下狱死","狱"下不脱"死"字,而刘氏则谓:"正文'蹇硕下狱',案硕以此时诛,明少一'死'字。"《列传》卷四《齐武王传》:"引精兵十万南渡黄淳水","黄"不误"潢",而刘氏则谓:"'潢'字,据注唯当作'黄'。"又:"子炀王石嗣","炀"不误"殇",而刘氏则谓:"王石立二十四年,不可以殇谥,盖是'炀'字。"卷十三《窦宪传》:"发北军五校",注:"汉有南北军中候一人,六百石,掌临五营","五"不误"立",而刘氏则谓:"'掌临立营','临'当作'监','立'当作'五'。"卷十八下《冯衍传》:"陂山谷而间处兮,守寂寞而存神",注:"陂音兵义反","兵"不误"丘",而刘氏则谓:"注陂丘义反,切不得。'丘'当作'兵'。"卷二十二《樊儵传》:"儵字长鱼",下文全作"儵",不误"鯈",而刘氏则谓:"按'鯈'非鱼类,与名不合,疑本是'儵'字。又按儵弟名鲔,知作'儵'无疑。"又:"如令陛下子臣等专诛而已","如令"不误"如今",而刘氏则谓:"按文'今'当作'令'。"卷二十五《郑玄传》:"其勖求君子之道,研钻勿替","钻"不误"攒",而刘氏则谓:"案文'攒'当作'钻'。"卷二十八《度尚传》:"夫事有虚实,法有是非","夫事"不误"大事",而刘氏则谓:"案文'大'当作'夫'。"卷二十九《刘恺传》,"如今使臧吏禁锢子孙","今"不作"令","今"义亦较"令"字为长,而刘氏则谓:"'如令使臧吏',案文多一'如'字。"卷三十三《朱晖传》:"数年,坐法免",注:"坐考长吏,囚死狱中","吏"不误"史",而刘氏则谓:"案临淮郡无长史,既言囚死狱中,当是'吏'字。"又:"惟今所言,适我愿也","今"不误"令",而刘氏则谓:"惟令所言,案时晖未为尚书令,明此'令'字是'今'字。"卷三十八《应劭传》:"夫国之大事,莫尚载籍","籍"下无"也"字,而刘氏则谓:"案文多一'也'字。"卷四十七《李云传》:"帝者,谛也",注:"'帝'之言'谛'也","言谛"不误"谛言",而刘氏则谓:"注'帝之谛言也。'案文'言'当在'谛'字上。"卷四十九《张衡传》："曾何贪于支离而习其孤技耶"，注："学屠龙于支离益"，"益"不误"盖"，而刘氏则谓："注'支离盖'，案《庄子》，'盖'当作'益'，'支离'其名'益'耳。后人不读《庄子》，妄改为'盖'。"又"羁要袅以服箱"，"袅"不误"袅"，而刘氏则谓："案'要袅'古良马，当作'袅'，从马。"又，"欻神化而蝉蜕兮，朋精粹而为徒"，注："蝉，蛇蜕所解皮也"，"蝉"下有"蛇"字。考《说文》虫部，"蜕，蛇蝉所解皮也"。知此本不误，特文字颠倒耳。而刘氏则谓："当云：'蜕，蝉所解皮。'"不言缺一"蛇"字。卷五十四《赵岐传》："著《孟子章句》"，"孟"不误"要"，而刘氏则谓："正文'著《要子章句》'，案'要'当作'孟'。"卷五十六《陈蕃传》："震受考掠，誓死不言"，"受"不误"授"，而刘氏则谓："案文，'授'当作'受'。"卷六十三《公孙瓒传》："每闻有警，瓒辄厉色愤怒"，"警"不误"惊"，而刘氏则谓："'惊'当作'警'。"卷七十八《西域·莎车国传》："不复置王，但遣将镇守其国"，"王"不误"正"，而刘氏则谓："案文'正'当作'王'。"卷八十《鲜卑传》："将帅良猛，财赋充实"，"赋"不误"富"，而刘氏则谓："'富'字当作'赋'。"是刘氏所见，与此不同。综计《刊误》存者，凡六百数十条，而此之未误或未全误者，犹有三十余条，与刘氏所刊正者合。则是所从出之本，较刘氏所见之本，不可谓非彼善于此矣。尤有异者：卷五十下《蔡邕传》，"邕乃自书册于碑，使工镌刻，立于太学门外"注，刘氏谓："《论语》二碑毁，案文当是'一碑毁'，若'二碑毁'者，当云'皆毁'而已。"是本乃作"《论语》三碑，二碑毁"，按原注，上文碑凡四十六枚，西行《尚书》、《周易》、《公羊传》，十六碑存，十二碑毁；南行《礼记》十五碑，悉崩坏。合之《论语》三碑，正得四十六枚，知此作三碑为不误。刘氏所见不同,故为是反覆辨正之词,是此非特无误,且可刊刘氏《刊误》之误矣。洪迈《容斋四笔》:"淳化五年监中所刊《后汉书》,凡九十卷,惟《帝后纪》十卷、《列传》八十卷。"又云:"刘昭注《补志》三十卷,至本朝乾兴元年,判国子监孙奭始奏以备前史之阙。"是当时各自为书,读者亦不与范《书》等视,故刘氏《刊误》,仅限《纪》、《传》,而不及于《志》。按《崇文总目》、《郡斋读书志》所载,均作《后汉书》九十卷,《志》三十卷,《直斋书录解题》亦曰《后汉书》九十卷,《后汉志》三十卷。是本小名在上,大名在下,《列传》第一下,题"《汉书》第十一",直接《后纪》第十。《续志》别为三十卷,各不相涉,犹存旧式。然《目录》则以《志》羼入《纪》、《传》之间,殊不可解。《直斋书录》又谓:"《馆阁书目》乃直以百二十卷并称蔚宗撰,益非是。"《馆阁书目》,淳熙元年陈叔进等所撰进,见马氏《经籍考》。此书同时刊成,意者校刻之时,偶用此綮合之本,参观互证,率尔沿用,致成歧异耶?何义门谓初读是书,嫌其讹谬颇多,及观刘氏《刊误》,乃知在北宋即罕善本。是本为南宋覆刻,且有元代补版,纰缪更所难免。然以校后刻诸本,文字异同,不可胜数,且有足资是正者。使何氏见之,当必有慰情聊胜之感矣!黄荛圃《百宋一廛赋注》:"予所藏班《书》,前互入《乾兴元年中书门下牒国子监文》一通,即孙奭以刘昭《注》、司马彪《志》补章怀注范《书》故事"云云。前印班《书》,获见此文,今以移置《志》前,用存掌故。原书略有阙佚,各就北平图书馆、东京静嘉堂文库所藏残册,借影补配,幸成完璧。然多为补刊之叶,其衔接处每有重文,世间只此数本,亦无可如何者也。海盐张元济。

(百衲本《后汉书》卷末,商务印书馆,1931年)

宋绍兴刻本《三国志》跋

余欲辑印旧本正史，谋之者有年。涵芬楼旧藏宋衢州本《魏志》，极精美，然《蜀》、《吴》二志全佚，其他公私弆藏，均非宋刻。有之，惟聊城杨氏、松江韩氏。韩氏书，闻仅存数卷，且秘不示人。杨氏自凤阿舍人逝世，亦无缘通假。故人张石铭以所储元本借余，已摄影矣，以校衢本，讹误滋甚。卷末配宋刻数册，且极漫漶，意殊歉然。戊辰秋，余为中华学艺社赴日本访书，获见帝室图书寮旧藏宋本，借影携归。检阅宋讳，避至"廓"、"郭"等字，知为宁宗时刊本。又与杨绍和跋勘对，所举殿本《考证》，疑字一一吻合。乃知二本实同。因复取殿本雠勘考证所疑，如《魏书》第十四《蒋济传》："弊骹之民"，《考证》谓："应作'刻'。"此正作"刻"。第三十，"故但举汉末魏初以来以备四夷之变云"，注："悉秃头以为轻便"，《考证》谓："一本作'髡'。"何焯引《说文》"髼"字注，以证"髡"字之合。此正作"髡"。《蜀书》第十一《向朗传》："历射声校尉尚书"，注："镇南将军卫瓘"，《考证》引《卫觊传》："瓘为镇西将军。"谓："作'镇南'字误。"此正作"西"。又《杨洪传》："能尽时人之器用也"，注："初往郡，后为督军从事"，《考证》谓："'往郡'疑作'仕郡'。"此正作"仕"。《吴志》第二《孙权传》："屈身于陛下，是其略也"，注："《吴书》"，《考证》："疑脱'曰'字。"此正有"曰"字。第四《刘繇传》："繇伯父宠为汉太尉"，注："山阴县民去治数十里"，《考证》谓："'民'，各本俱讹作'氏'，今改正。"此正作"民"。又《士燮传》："壹亡归乡里"，注："会卓入阙，壹乃亡归"，《考证》疑"阙"作"關"，此正作"關"。第十五《周鲂传》:"推当陈愚,重自披尽",《考证》:"'推'疑作'惟'。"此正作"惟"。凡此皆杨氏所未及者。又有改正明监本之误字,而此原不讹。引据《太平御览》、《册府元龟》、《资治通鉴》互异之字,而此适相合。杨氏疑馆臣据校之南北宋本,不及是本。此更可证。更以南、北监本,毛氏汲古阁本校之,而知诸本之不逮尤甚。一曰讹文:《魏书》十六《杜畿传》:"然亦怪陛下不治其本而忧其末也",诸本"治"均误"知"。又十七《张郃传》:"従讨柳城,与张辽俱为军锋",诸本"従"均误"後"。又十八《庞惪传》:"惟侯戎昭果毅",诸本"戎"均误"式"。又二十七《王昶传》:"若范匄对秦客而武子击之",诸本"而"均误"至"。《蜀书》二《先主传》:"群儒英俊,并起河洛",诸本"起"均误"进"。又八《秦宓传》:"宓称疾,卧在第舍",诸本"第"均误"茅"。又十《刘封传》:"先主因令达并领其众",诸本"其"均误"兵"。又十五《杨戏传》:"维外宽内忌,意不能堪",诸本"意"均误"竟"。《吴书》十二《骆统传》:"其姊仁爱有行,寡归无子",诸本"归"均误"居"。此以文义核之,而知是本之较为优长也。一曰衍文:《魏书》十四《刘晔传》:"子寓嗣",注:"晔之情必无所逃矣",诸本"所"下均衍"复"字。又《蒋济传》:"今其所急",诸本"急"下均衍"务"字。又十五《张既传》:"斩首获生以万数",注:"假使英本主人在,实不来此也",诸本"来"下均衍"在"字。又二十《邓哀王冲传》:"世俗以为鼠啮衣者其主不吉",诸本"主"下均衍"者"字。《蜀书》九《马良传》:"及先主入蜀,诸葛亮亦从往",诸本"从"下均衍"后"字。又十二《郤正传》:"薛烛察宝以飞誉",注:"乃取豪曹巨阙",诸本"取"下均衍"其"字。又十三《黄权传》:"待之如初",注:"其刘主之谓也",诸本"之"下均衍"所"字。《吴书》十六《陆凯传》:

"吴郡吴人"，诸本"人"下均衍"也"字。此又以文义核之，而知是本之较为简当也。一曰夺字：《魏书》十五《张既传》："封妻向为安城乡君"，诸本均夺"封"字。又十六《苏则传》："帝大怒，踞胡床拔刀"，诸本"踞"下均夺"胡"字。又《杜畿传》："若使善策必出于亲贵，亲贵固不犯四难以求忠爱"，诸本均夺下"亲贵"二字。《蜀书》一《刘璋传》："无恩德以加百姓，百姓攻战三年，肌膏草野者"，诸本均夺下"百姓"二字。又五《诸葛亮传》："因结和亲，遂为与国"，注："据正道而临有罪"，诸本均夺"正"字。又七《庞统传》："先主大笑，宴乐如初"，注："若惜其小失而废其大益"，诸本均夺下"其"字。又八《秦宓传》："鹤鸣于九皋"，诸本均夺"于"字。《吴书》七《步骘传》："于是条于时事业在荆州界者"，诸本均夺"业"字。此亦足见是书写刻，去古未远，而不至多所遗佚也。一曰俗字：《魏书》四《齐王纪》："西域重译，献火浣布，诏大将军太尉临试，以示百寮"，注："斯调国有火州"，诸本"州"均作"洲"。又十九《陈思王植传》："诚以天罔不可重离"，诸本"罔"均作"网"。又二十一《卫觊传》："茵蓐不缘饰"，诸本"蓐"均作"褥"。又二十七《徐邈传》："徐公志高行絜"，又"絜而不介"，诸本"絜"均作"潔"。又《胡质传》："官至徐州刺史"，注："家贫无车马童仆"，诸本"童"均作"僮"。又二十八《邓艾传》："封子二人亭侯，各食邑千户"，注："百姓贫而仓禀虚"，诸本"禀"均作"廪"。又二十九《管辂传》末，注："生惊，举刀斫，正断要"，诸本"要"均作"腰"。《蜀书》五《诸葛亮传》："卒于军，时年五十四"，注："忧恚欧血"。"欧血"字凡四见，诸本"欧"均作"呕"。又十三《黄权传》："瞻犹与未纳"，诸本"与"均作"豫"。此更足见是本刊刻较前，多存古文，不至如后出诸本之渐趋流俗也。类此胜处，不能尽举。杨氏谓宋椠著录极尟，此本较他本尤多所是正，弥足珍贵，洵非虚语。因向中华学艺社借印，以继班、范二《书》之后。原缺《魏书》三卷，以涵芬楼衢本补配。衢本宋讳避至"桓"字，镌刻在前。《武帝纪》："建安十五年，作铜爵台"，注："以及子桓兄弟"，"桓"不误"植"。"十六年，遂与韩遂、杨秋、李堪、成宜等叛"，"堪"不误"墒"。《文帝纪》："延康元年，以肃承天命"，注："代赤者魏公子"，"赤"下不衍"眉"字。《明帝纪》："太和二年，分新城之上庸、武陵、巫县为上庸郡"，"陵"不误"灵"。又"十二月，诸葛亮围陈仓，曹真遣将军费曜等拒之"，注："以土丸填堑"，"丸"不误"瓦"。其胜于众本之处，洵堪伯仲。以冠简端，亦殊不弱。然终有胖合之迹，不能谓非一缺憾也。海盐张元济。

(百衲本《三国志》卷末，商务印书馆，1930年)

宋刻本《晋书》跋

涵芬楼旧藏《晋书》，有宋刊元、明递修本，有元大德本。原木均漫漶，不宜影印。又有明覆宋大字本，版印俱佳，以与他本不相合，故舍去。今均毁于兵火。先是江南第一图书馆有宋刊小字本，已遣工就照矣。校阅至《列传》某卷，乃多所脱漏，思觅更胜者以为之代。《甘泉乡人稿》称海昌蒋氏有宋刊小字本，因浼友人蒋慰堂商之藻新姻丈，慨焉许诺，且以其书送沪。开缄展读，觉雕印精绝，心目为爽。惜缺《载记》三十卷，行款与江南馆本同，用以补配，可为两美之合。是真可继马、班、范、陈之后矣。武英殿本是史《考证》，多引宋本参订，故讹夺视他史为少。卢抱经尝以《帝纪》、《天文》、《礼志》与明南、北监本，汲古阁本，及他书参考异同。今略取其所校《帝纪》与是本相勘，虽讹文夺字为卢氏所指者不能尽免，而以校殿本，则仍有轩轾之别。如《帝纪》一："楚汉间司马卬为赵将"，"卬"下注"'邛'，非"，今殿本正作"邛"。又，"权果遣将吕蒙西袭公安"，"袭"下注"'羽'，衍"，今殿本正有"羽"字。又，太和元年下，"达与魏兴太守申仪有隙"，"魏兴"下注"二字今脱"，今殿本正脱此二字。又，"凡攻敌必（宋本误'必'作'二'）扼其喉，而捴其心"，"捴"下注"从'木'者讹"，今殿本正从"木"。青龙元年下，"国以充实焉"，"焉"下注："今脱"，今殿本仅有"国以充实"四字，犹脱"焉"字。青龙二年下，"关中多蒺藜"，"藜"下注"毛及《音义》俱不作'藜'，下同"，今殿本正俱作"藜"。青龙三年下，"帝运长安粟五百万斛输于京师"，"输"下注"脱"，《通志》有《音义》，音"戍"，今殿本正脱"输"字。景初二年下，"帝固让子弟官不受"，"帝"下注"今脱"，今殿本正脱"帝"字。嘉平三年下，"依汉霍光故事"，"汉"下注"今脱"，今殿本正脱"汉"字。《帝纪》二嘉平五年下，"帝乃敕钦督锐卒趣合榆"，"帝"下注"今脱"，今殿本正脱"帝"字。正元元年下，"臣请依汉（今宋本脱'汉'字）霍光故事"，"依"下注"'昔'，衍"，今殿本正有"昔"字。景元四年下，"居守成都及备他境"，"境"下注"'郡'，非"，今殿本正作"郡"。又"金城太守杨欣趣甘松"，"欣"下注"'顾'，非。今殿本正作"顾"。又"仍断大政"，"仍"下注"'乃'，非"，今殿本正作"乃"。又"犯命陵正"，卢本"陵"作"淩"，注"当作'陵'"。今殿本仍作"淩"。《帝纪》三泰始元年下，"罢部曲将长吏以下质任","吏"下注"今误倒",今殿本正作"吏长"。又"麒麟各一","麒"下注"'骐'讹,下同",今殿本正俱作"骐"。泰始六年"赐大常博士学生帛牛酒各有差","学生"下注"二字脱,《通志》及毛本有",今殿本正脱此二字。泰始九年"鲜卑寇广宁",下注"'宁',讹",今殿本正作"宁"。咸宁三年下,"平虏护军文淑讨叛虏树机能等,并破之","并"下注"今脱",今殿本正脱"并"字。太康元年下,"斩吴江陵督五延","五"下注"'王',非,'五'盖子胥之后",今殿本正作"王延"。又"剋州四","剋"下注"毛,'克',此从《通志》,今作'得',讹",今殿本正作"得"。太康四年下,"牂柯獠二千余落内属","柯"下注:"'诃'讹。下同",今殿本正俱作"诃"。太康六年下,"尚书褚䂮"下注"'契',讹。《音义》:䂮,力灼反",今殿本正作"契"。"太熙元年,春正月辛酉朔改元。己巳","己"下注"今讹'乙'",今殿本正作"乙"。又"承魏氏奢侈刻弊之后","刻"下注"'革',讹",今殿本正作"革"。《太宗赞》:"骄泰之心因斯以起",下注"'因而斯起',讹",今殿本正作"因而斯起"。《帝纪》四,永平元年,"得以眇身讬于群后之上","眇"下注:"从'耳',非",今殿本正从"耳"。光熙元年下,"九月顿丘太守冯嵩","顿"下注:"今讹'颖'",今殿本正作"颖"。《帝纪》五,永嘉五年下,"勒寇豫州诸郡",下注"'军',非",今殿本正作"军"。永嘉六年下,"猗卢自将六万骑,次于盂城","盂"下注"'盆',讹","城"下注"盂城即今山西之盂县",今殿本正作"盆"。《史臣赞》,"尔乃取邓艾于农璅(宋本作'璅')",下注"隙,毛作'璅'与'璅'同。璅,小人也"。案:艾为典农纲纪,上计吏。司马懿奇之,辟为掾,故云。今殿本乃作"隙"。《帝纪》七,咸和三年下,"舟军四万次于蔡州",下注:"洲",案《宋志》,蒲洲、郁洲之类,皆作"州",今殿本乃作"洲"。咸和四年下,"李阳与苏逸战于柤浦","柤"下注:"侧孤,侧加二反,作'祖'讹",今殿本正作"祖"。《帝纪》九咸安二年下,"若涉泉水"下注"即渊水,作'冰'讹",今殿本正作"冰"。太元十八年下,"二月乙未又地震(宋本作'地又震')","乙"下注"'己',讹",今殿本正作"己"。《帝纪》十,隆安元年下,"散骑常侍郭麿",下注"从'麻',讹",今殿本正从"麻"。其尤著者:则《帝纪》五永嘉二年下,"刘元海寇平阳,河东太守路述力战死之",卢氏谓"太守失名",是所见之本,已佚"路述"二字矣。凡此皆是本胜于殿本之处。余如《天文志》、《礼志》亦大率类是。推之全书,可以概见。独惜卢氏所校,仅限此十六卷。不然者,宋刻之贵,得卢氏而益彰,且有时可以卢氏所校,正宋本之失焉。岂不懿欤!海盐张元济。

(百衲本《晋书》卷末,商务印书馆,1934年)

宋蜀刻大字本补配元明递修本《宋书》跋

右《宋书》为宋眉山刊本。初借北平图书馆所藏六十七卷,其后假得南浔嘉业堂刘氏残本,补入二十三卷。其《志》第四,《列传》第四十四、五、六,第四十八、九,第五十一、二,第五十九,第六十,以常熟瞿氏铁琴铜剑楼暨涵芬楼藏元明递修本合配。是本刊于蜀中。陆存斋谓明洪武中,取天下书版实京师,其版遂归南京国子监。然是本《列传》第三十四,版心有署"至元十八年杭州钱弼刊"

者。第五十八有署"至元十八年杭州刘仁刊"者。是在元时,此版已离蜀矣。余尝见宋庆元沈中宾在浙左所刊《春秋左传正义》,其刻工姓名,与是本同者,有张坚、刘昭、史伯恭、李忠、李允、金滋、刘仁、张亨、张斌、周明、宋琚、何昇、何澄、朱玩、方坚、方至、蒋容、方中、王明、王信、余敏、张升、王寿三、王寿、严智、王定、李师正、张明、徐大中、杨昌、吴志、沈文、孙日新等。其余六史,同者亦夥。其镌工亦极相肖,是又宋时此版先已入浙之证。卷中字体遒敛,与世间所传蜀本同出一派。其版心画分五格者,可定为蜀中绍兴原刊,余则入浙以后,由宋而元,递有补刻。陆存斋又言周季贶有一部,为季沧苇旧藏。今嘉业残本,均有季氏印记,盖即延令故物,而由周氏散出者。陆氏谓为无一修版,亦未确也。钱氏《廿二史考异》谓"《少帝纪》卷末无史臣论,非休文书"。不知宋本固有之。是本卷末一行,确为史臣论断之词。前有阙叶,故全文不可得见。其后并此仅存之一行,亦复湮灭。按前一叶皇太后废少帝令,末行"今废为荥阳王,一依汉昌邑、晋海西故事"二语下,有一"镇"字,审其语气,必为"镇西将军某某入纂皇统"云云,惜已亡逸,无可征信。弘治修版,取《南史》补之,一字不易,而文义不相联属,乃削"镇"字,以泯其迹。不知《南史》为记事之文,而本书为记言之文。牉合之迹,显然可见。其后北监、汲古阁、武英殿递相传刻,悉沿其误。使无兹本,恐无以证钱氏之说矣。王氏《十七史商榷》又谓"《武帝纪》书檄诏策,皆称刘讳,其间亦多有直称裕者,则是后人校者所改,改之未净,故往往数行之中,忽讳忽裕,牵率已甚"云云。此必指《本纪》第三首叶而言。然是本悉作讳字,并无忽讳忽裕之异。钱、王二氏精研史籍,均不获得睹是本。吾辈生古人后,何幸而得见此未见之书耶！卷中空格及注"阙"字者，凡数十见，讹舛之字，亦殊不鲜。然以视后出之本，则此为犹胜。异日当别印校记，以俟读者之谉正焉。海盐张元济。

（百衲本《宋书》卷末，商务印书馆，1933年）

宋蜀刻大字本《南齐书》跋

右宋刊《南齐书》，江安傅沅叔同年所藏，卷末有崇文院治平二年六月牒文，中称："《宋书》、《齐书》、《梁书》、《陈书》、《后魏书》、《北齐书》、《后周书》，国子监未有印本，宜精加校勘，书写板样，送杭州开板。"晁公武《郡斋读书志》又称："治平中，巩校定《南齐》、《梁》、《陈》三书上之。刘恕等上《后魏书》、王安国上《周书》，政和中始皆毕，颁之学官，民间传者尚少。未几，遭靖康丙午之乱，中原沦陷，此书几亡。绍兴十四年，井宪孟为四川漕，始檄诸州学官，求当日所颁本。时四川五十余州，皆不被兵，书颇有在者。然往往亡缺不全。收合补缀，因命眉山刊行。"是刻宋讳避至"構"、"慎"二字，当是绍兴蜀中重刊之本。通体仅有元补而无一明刻。《志》第七之第三叶，《列传》第十六之第十叶，第二十五之第六叶，第三十九之第五叶，明南、北监本、汲古阁本、武英殿本皆阙。而前之二叶，是本犹岿然独存，真海内秘笈矣。卷末校语凡十则，北监本、殿本各存其二，南监本、汲古阁本，亦仅存其六。其余四则，则唯是本独有之。《本纪》第一之"难灭星谋"句，殿本作"日蚀星陨"；《列传》第二十之"或有徐令上文长者"句，殿本作"或有身病而求归者"；

《列传》第三十之"虏并兵攻司州除青右出军"句,殿本"除"作"徐","右"作"诏",不知宋本固有校语,指为疑义。南监本校语已失其二,而正文犹存。至万历重刻北监本时,此三则已全佚,疑为刊本讹误,遽加改窜。武英殿校刊诸臣,仅见监本,无怪其沿讹袭谬也。不宁惟是,《本纪》第一:"秉弟遐坐通嫡母殷氏养女。殷舌中血出,众疑行毒害",南监本、汲古阁本均作"殷言中血出",不可通。然仅仅舌中血出,亦何足以云毒害?不知宋本原作"殷亡,口中血出"。证以《宋书·长沙景王道怜传》:"乂宗子遐,字彦道,与嫡母殷养女云敷私通。殷每禁之。殷暴病卒,未大殓,口鼻流血"之语,宋本当不误。北监本以南监"言"字为不可解,臆改"舌"字,殿本仍之。两者互较,其情节之轻重,相去不可以道里计矣。殿本《志》第六,"越州齐隆郡"注:"先属交州,中改为闗,永泰元年改为齐隆,还属闗州",按是本并无两"闗"字。原文漫漶不可辨,南监本同,汲古阁本各空一格,北监本则各注"阙"字,殿本遂误"阙"为"闗",郡名岂有改称为闗之理,而当时更无所谓"闗州"。又《列传》第二十七:"州西曹苟平遗秀之《交知书》",殿本、北监本、汲古阁本均作"苟平",而是本则作"苟丕",南监本同。按下文"丕"字凡六见,两字形极相近。印墨稍洇,笔画易致合并。然细认均可辨别,且第二笔形势亦显有殊异。《南史·列传》第三十二《豫章文献王传》,有颍川苟丕献王书,又与长史王秀、尚书令王俭书,与本传所载,辞意悉合。"苟"、"苟"传写偶讹,"丕"、"丕"音义无别,必为一人无疑。而殿本《考证》绝未之及。又《州郡志》上,"南徐州南平昌郡安丘"下,是本有"新乐、东武、高密三县","越州、齐宁郡、开城"下,是本有"延海、新邑、建初三县"。南、北监本、汲古阁本均有之，而殿本独佚。是则校勘诸臣，难辞疏忽之咎也。校印既竟，因述其大要如右。海盐张元济。

（百衲本《南齐书》卷末，商务印书馆，1933年）

宋蜀刻大字本补配元明递修本《梁书》跋

　　北平图书馆藏《梁书》宋刊元补本，凡四十卷，亦眉山《七史》之一。此已全数影印。原阙《列传》第一之四、第十六之十九、第三十六之三十九、第四十三、四、第四十九、第五十，又各卷间有阙叶，均以涵芬楼藏元、明递修本补配。曾巩序言，"臣等校正其文字"。是本书必有校语。今行世各本皆无之。独是本《本纪》第五、《列传》第七、第十五、第三十三，尚各存一条，此皆在宋刊卷内。其元、明递修各卷，即原有之，亦已亡佚，无可考矣。史有阙文，孔子所称。是本前后有墨丁三十六，空格九，凡阙七十六字。后出诸本，补完无阙，大都采自《南史》。然亦有不尽合者。如《列传》第四十二《司马筠传》，"二王在远，诸子宜摄祭事"句，是本"诸"字墨丁，而《南史》则作"世"字。第四十七《良吏传》篇首，"故长吏之职，号为亲民"句，是本"为"字墨丁，而《南史》则作"曰"字。盖治平原刻，绍兴时已亡缺不全，其后收合补缀，文字庸有损蚀。眉山刊行，主其事者，度必于《南史》之外，见有别本。如上文"诸"之与"世"、"为"之与"曰"之异同，不能决为何字，故宁从盖阙。其有合于《春秋》传疑之义，可取也。思廉论撰是书，成于贞观之世，因避唐讳，故改"丙"为"景"，改"虎"为"兽"与"武"，改"渊"为"深"，书中各数十见。明代重刻，乃复其初。钱竹汀以明人擅改本文，斥为不学，一若明以前本尽避唐讳者。然以宋刊各卷考之，则《本纪》第二，天监四年下，"丙午，省凤皇衔书伎"，又"十月丙午北伐"，五年下"夏四月丙申，庐陵高昌之仁山，获铜剑二"，六年下"十二月丙辰，尚书左仆射夏侯详卒"，《列传》第十一《王珍国传》，"十二月丙寅旦珍国引稷于卫尉府"，"丙"字均不作"景"。又《本纪》第五大宝三年下，"何必西瞻虎据乃建王宫"，《列传》第五《张弘策传》，"虎据两州，参分天下"，第八《任昉传》，"媲人伦于犲虎"，第十一《张齐传》，"天监二年还为虎贲中郎将"，第十四《陈伯之传》，"伯之子虎牙封示伯之"，又"遣信还都报虎牙兄弟，虎牙等走盱眙"，又"与子虎牙及褚缉俱入魏"，又"虎牙为魏人所杀"，第二十《萧琛传》，"琛乃著虎皮靴，策桃枝杖，直造俭坐"，第三十一《谢举传》，"征士何胤自虎丘山赴之"，第三十四《许懋传》，"依《白虎通》云：'封者，言附广也'"，第四十七《孙谦传》，"先是郡多虎暴，谦至绝迹，及去官之夜，虎即害居民"，"虎"字均不作"兽"与"武"。又《列传》第十四《刘季连传》，"太宰褚渊素善之"，又"新城人帛养逐遂宁太守谯希渊"，又"子仲渊字钦回"，又"送季连弟通直郎子渊及季连二子使蜀"，第十五《王志传》，"褚渊为司徒，引志为主簿，渊谓僧虔曰"，第二十二《夏侯夔传》，"刺史萧渊明引为府长史，渊明彭城战殁"，又"渊明在州有四妾，章、于、王、阮，并有国色，渊明没魏，其妾并还京第"，"渊"字均不作"深"。此必非思廉原文。宋元刊本，即已如是，其窜易不知始于何时？固不能专责明人也。王鸣盛曰："《宋》、《齐》各书，唐人、宋人皆未细校。"然则是书也，其亦未能免于是欤。武英殿本卷首有曾巩序，诸本均不载。疑录自《元丰类稿》。是本原阙,故不补。海盐张元济。

(百衲本《梁书》卷末,商务印书馆,1933年)

宋蜀刻大字本《陈书》跋

右《陈书》,为宋眉山刊本《七史》之一。旧藏北平图书馆,存者仅二十一卷。嗣中华学艺社由日本东京静嘉堂文库影得同式印本,因乞补配,于是全书无一明修版。静嘉藏本,吴兴陆氏皕宋楼旧物也。武英殿本,孙人龙跋:"古本既不可见,国子监所存旧板,舛讹殊甚。巩等篇末所疏疑义,亦无一存"云云,按汲古阁初印本,《列传》第二十八、第三十,尚存二条。陆氏跋谓:"汲古削其校语,恐所见者为后印之本。"又云:"卷一、卷三、卷九、卷十六、卷二十八后,皆有校语。"此卷数陆氏皆指大题。卷二十八,当为《列传》第二十二。然宋刻是卷实无校语,疑陆氏误认小题为大题,实即《列传》第二十八也。是本于毛、陆二氏所见六条外,又增《列传》第二十九一条,洵为无上秘笈矣。陆氏指汲古本讹字三则,又卷二十二《钱道戢传》脱二十五字,所藏宋本,足证其误。是本均同。余请更举数事以为之佐:是本《本纪》第四,"光大二年,章昭达进号征南大将军"下,不脱"中抚大将军新除征南大将军"十二字;《列传》第二十四《顾野王传》,"野王又好丹青"下,不脱"善图写"三字;第二十八《陆瑜传》,"丁母忧"下,不脱"去职"二字;又《本纪》第五,"太建五年五月己巳瓦梁城降","瓦梁"不误"石梁";又十一年十二月己巳诏所称"大予秘戏","大予"不误"太子";《列传》第十五"史臣论疏菲禅悦","禅悦"不误"蝉蜕"。以上所举,均非寻常讹夺。不独汲古,即北监、殿本,无不如是。彼此互证,宋本之胜,实非诸本所能望其项背。惜陆氏全书流出海外,国内仅一残帙。然则余之获印是本,既窥全豹,且驾陆本而上之,非犹不幸之幸欤!海盐张元济。

(百衲本《陈书》卷末,商务印书馆,1933年)

宋蜀刻大字本《魏书》跋

右《魏书》亦眉山《七史》刊本。涵芬楼所藏,仅得其半。先后假北平图书馆暨江安双鉴楼傅氏、吴兴嘉业堂刘氏藏本补完。卷中有元代修补之叶,或谓有明初续补者,然皆不著年号,殊难断言。冯梦祯万历重雕是书序,谓"南监所藏唐以前诸史,独此书刓敝甚,议更新之,苦无善本校雠,鲁鱼帝虎,不能尽刊,断篇脱字,所在而有"。孙人龙乾隆殿本《校刊后跋》,亦云:"明刻《二十一史》中,此书最为刓敝,今欲摘谬辨讹,不留遗憾,此实难矣。"然则两朝覆刊,所据均非宋刊原本可知。虽《广平王传》、《乐志》、《刘芳上书》,是本阙叶并同。《夏侯道迁传》,更有错简。其他字句讹夺,间亦有不逮后出诸本者。然如《帝纪》三《太宗纪》:"泰常八年九月,刘义符颍川太守李元德窃入许昌,诏周几击之,元德遁"下,殿本阙三字,是本有"走几平"三字。《帝纪》六《显祖纪》:"天安元年秋七月"下,殿本阙二字,是本有"辛亥"二字。《列传》二十八《陆丽传》,"至于奉迎守顺臣"下,殿本阙二字,是本有"职之"二字。又《陆叡传》,殿本"各赐衣物有差"下阙二字,是本有"高祖"二字,而"有差"二字作

"布帛"。又"亲幸城北，训誓群帅，除尚书令卫将军"下，阙一字，是本有"叡"字。又"陆叡元不早"下，阙五字，是本有"蒙宠禄位极"五字，且上文"元不"二字，是本作"元丕"，下文"大臣"二字，是本作"人臣"。《列传》三十九《吕罗汉传》，"故内委群司外任"下，殿本阙四字，是本有"方牧正是"四字。《志》四《天象》一之四："肃宗正光三年"注"辛亥"。又"晕之占曰"下，殿本阙二字，是本"饥旱"二字犹可辨认。又宋臣校语，是本《帝纪》三后有三百八字，殿本全佚。以上云云，考之南、北监本、汲古阁本，沿讹袭谬，大抵相同。明监校刊时，苦无善本，冯梦祯已具言之。毛氏固据宋本开雕者，何以除《吕罗汉传》无阙文，及《帝纪》三校语尚存九十七字外，均与明监本、殿本一无差别，殊不可解。犹不止此，《帝纪》二《太祖纪》："登国元年"下，"帝左右于桓等"，"桓"之误"植"；《帝纪》九《肃宗纪》："神龟元年"下，"无人任保者，夺官还役"，"任"之误"在"；《列传》二十八《陆叡传》："辞以疾病土温则甚"，"土"之误"上"；《列传》四十《宗钦传》，"宗"之误"宋"；《列传》四十八《韩子熙传》："节乂纯贞"，"乂"之误"义"；《列传》五十一《宋弁传》："皆减戍士营农"，"减"之误"灭"；《列传》五十二《张彝传》："微号华侈"，"微"之误"徽"；《列传》五十九《李苗传》："梓潼涪人"，"潼"之误"橦"；《志》一《天象》一之一："世祖始光四年诸侯非其人"，"侯"之误"佐"；《志》九《律历》三下："推五星见伏术，岁在己未"，"己"之误"乙"；《志》十八《灵征》下，"高祖太和五年得玉车钏三枚"，"钏"之误"驯"；殿本校刊诸臣，犹能参据他书，加以订正，而明监、汲古，则一任其舛误，而不思自纠其非矣。虽然，校刊诸臣不见旧本，凭空想像，亦有终难吻合者，请更举之：《志》二《天象》一之二，"高祖太和四年正月"第二节"犯心"上阙,《考证》云:"所阙之字,南监本作'戊午月',当亦误也。系何月戊午耶? 或此'犯心'二字重出",不知宋本"戊午月"下,尚有"又"字。前节"正月丁巳月犯心",戊午为丁巳后一日,即正月之戊午也。故云"又犯心",何得为误! 又《志》六《地形》二中:"扬州边城郡领县二","期思"注:"郡治有九口(宋本作'彐')山、丰城。"《考证》云:"召南按此(指丰城言)与期思并属边城郡,监本误刊'丰城'二小字于'期思'注下,则边城少一县矣。今改正。"不知宋本"期思"注"丰城"二小字下,别有"新息"二大字,与期思同为边城之县。丰城为期思所属之城,并非县名。召南倘见是本,何致有误改之过耶? 近人华阳叶氏尝得宋刻,长沙王先谦以校汲古本,有《校勘记》,所指亦有异于是本者。《帝纪》四上《世祖纪》,"始光元年,是刘义符为其臣徐羡之等所废杀",王校"'是'下脱'年'字",是本不脱。《列传》三十五《卢渊传》:"传业累世,有能名",王校"'世'下当重一'世'字",是本正重一"世"字。《列传》三十八《尉元传》:"陛兹父事",王校"'陛'宋本作'涉',不误",是本作"陟",不作"涉"。《列传》四十八《程骏传》:"文成践阼",王校"'文成'作'高祖'",是本作"宗",不作"祖"。以上诸条,倘非《广雅》误刊,不能不谓是本之较胜也。王氏所校,凡八百余条,全卷未举一字者又十卷。盖叶氏购得是书时,将之粤东,王氏获见,不克久假。急约在京同官十人,分任雠校,计日而毕。为时匆遽,容未详尽。余参校再四,不敢谓悉无遗漏,然所增益不少。异时当整理付印,窃附王氏骥尾焉。海盐张元济。

(百衲本《魏书》卷末,商务印书馆,1934年)

宋蜀刻大字本补配元明递修本《北齐书》跋

是亦眉山《七史》之一。《帝纪》及《列传》一至二十六，涵芬楼旧藏，皆宋刊元、明递修本。《列传》二十七至四十二，借自北平图书馆，其书为元、明之际所印，远胜于前三十四卷，在今日诚仅见矣。汲古阁本《文宣纪》："朝夕临幸时"下，脱三百二十四字，《李绘传》"而辄窃用未"下，脱三百二十一字，且傥入《高隆之传》，盖原书适缺二叶，毛氏刊板粗率，未及校订，误相联缀，而文义遂不可通。是本二叶具存，与明监本、武英殿本合。然以是本与殿本对校，乃时有异同。《祖珽传》："仓曹虽云州局，乃受山东课输"下，接"大文绫并连珠孔雀罗等百余匹，令诸妪掷樗蒲，调新曲，招城市年少歌僎为娱。游诸倡家，与陈元康、穆子容、任胄、元士亮等为声色之游"五十三字。又"文宣作相，珽拟补令史十余人，皆有受纳"下，接"据法处绞，上寻舍之，又盗官《遍略》一部，事发"十七字，与殿本多不相合。然以文义核之，亦未尝不言之成理。又《列传》第二十《元晖业传》，是本在元弼前，殿本反之。以常例言，子不当先父，而晖业与其祖孝友同时被害。《孝友传》后，继以晖业，史以纪事，连类而及，例亦恒有。按殿本是史《考证》，多引《北史》、《通鉴》及《魏》、《周》诸书，馆臣校刊时，或未获见是本，颇疑彼此未必同出一源，故异辞如此其多也。眉山《七史》，此为最逊。讹文脱句，不一而足。然亦殊有胜于殿本之处。《文宣纪》："天保九年十一月丁酉，大赦内外文武普泛一大阶。"按《废帝纪》，"天保十年十一月太子即位"，《武成纪》，"河清元年正月立纬为太子"，其下均有内外百官普加泛级之文。盖"普泛"为当时法令习语，殿本易为"并进"，殊嫌臆造。《列传》第九《斛律金传》："女若有宠，诸贵妒人；女若无宠，天子嫌人"，措词何等隽永。殿本乃易"妒人"为"人妒"，"嫌人"为"嫌之"，辞气鄙倍，不可方矣。《列传》第十二《慕容绍宗传》："谓可尔不？"此尔朱荣称兵入洛，欲诛百官，私告绍宗之言，意谓可否如是也。殿本乃作"尔谓可不"，亦失语趣。《列传》第二十二《崔暹传》，"暹喜跃，奏为司徒中郎，时暹欲夸耀其子达拏，令升座讲《周易》，屈服朝贵，宠之以官"。喜跃者，极言其喜之甚也。殿本乃易"跃"为"擢"，形容既未曲尽，即"擢"字无差，而"擢奏"亦嫌倒置。《列传》第二十六《杨愔传》："其开府封王诸叨窃恩荣者"，殿本作"开封王"，无"府"字，一似上文常山王、长广王之外，又增一王矣。《列传》第三十《元文遥传》："诏特赐姓高氏，籍隶宗正，第依例，岁时入朝"，殿本易"第"为"子弟"二字，以"宗正子弟"为句，语已不文，且文遥为孝昭顾命之臣，武成即位，任遇益隆，赐姓高氏，正所以优礼老臣，岂有视如子弟之理？又"文遥自邺迁洛，惟有地十顷，家贫，所资衣食而已"，殿本无"而已"二字，语意亦欠完足。《列传》第三十一《崔季舒传》："庶子长君，尚书右丞兵部郎中，次镜玄，著作佐郎，并流于远恶。"盖兄弟二人，同时流放于远方恶地也。殿本乃作"并流于长城"，是反令其兄弟同居一地，非窜逐之意矣。《列传》第三十四《卢潜传》："特赦潜以为岳行台郎中。"时潜方坐讥议《魏书》，与王松年、李庶等俱被禁止，今将起用，故先赦之。殿本乃易"赦"为"敕"，与上文文义不贯。《阳休之传》："齐受禅，除散骑常侍修起居注，顷之，坐诏书脱误，左迁骁骑将军。"按《魏书·官氏志》："散骑常侍从第三品，骁骑将军第四品。"故云"左迁"。殿本乃易

"骁骑"为"骠骑"。骠骑将军第二品,与事实全反矣。《列传》第三十八《孟业传》:"刘仁之谓吏部崔暹曰:'贵州人士,唯有孟业,宜铨举之,他人不可信也。'"殿本后二句作"铨举之次,不可忘也"。仁之于业推举甚殷,故语暹亦极专挚。若如殿本所言,乖其旨矣。《列传》第三十九《宋游道传》:"临丧必哀,躬亲襄事。"殿本"襄"作"丧"。上文既言"临丧"矣,又何必重言"躬亲丧事"乎?以上诸条,不过摘其大要,其他类似者尚不胜举。则信乎披沙之犹可拣金也。余闻人言,旧本诸史,讹字较殿本为多。按殿本从监本出,明人刻书,每喜窜易,遇旧本不可解者,即臆改之,使其文从字顺。然以言行文则可,以言读书则不可。即以是书言之,如《列传》第二十四《王琳传》:"兵士透水死十二三","透水"殿本作"投水"。"透"、"投"二字,《南》、《北》诸史往往通用。王西庄备举其例,不知者必以"透"为非矣。又《列传》第二十五《萧放传》:"慈乌来集,各据一树为巢,每临时舒翅悲鸣,全似哀泣,家人则之。""则"字不可解,殿本易之以"伺",意自了然。然乌知"则"非"测"之讹乎?又《徐之才传》:"郡廨遭火,之才起望,夜中不著衣,披红服帕出,戾映光为昂所见。""戾"字殿本作"户",诚极明了。然余窃疑上句断自"出"字,"戾"或原作"户火",误并为"戾",解为户外之火,其光反映,似亦可通。又《列传》第二十九《魏收传》,"文襄曰:'魏收恃才无宜适,须出其短'"。殿本作"魏收恃才使气,卿须出其短。"语意固较明显,然"无宜适"云云,亦何尝不可索解,特措词稍隐峭耳。又《列传》第三十五《李稚廉传》:"并州王者之基,须好长史,各举所知,时玤有所称。"三朝本"玤"已讹"牙"。余校诸史,凡遇"玤"字,误者什九。明监刊版时,疑"牙"误脱半字,遂改为"雅",殿本仍之,庸知实非半字之夺,而仅为一笔之讹。又《列传》第三十七《樊逊传》:"秦穆有道,勾甚锡手",殿本作"勾芒锡祥","甚"、"芒"形近,"锡祥"与下文"降祸"对举,义亦允洽,纠正诚当。然"手"字究从何来?盖"羊"古通"祥",因"羊"而转为"手",则何如易"手"为"羊"之得反其原乎?又《颜之推传》:"牵痾痾而就路",自注"时患脚气"。殿本作"痾疠"。"痾痾"二字,诚鲜叠用。然痯痯瘦瘦,见于《尔雅》,安知彼时无此二字叠用之古语乎?又"欵一相之故人",自注"故人祖仆射掌玑('玑'当作'机')密土纳帝令也","土纳"殿本作"吐纳",似矣。然《尚书·舜典》"龙作纳言,夙夜出纳朕命","土"、"出"形似,故知"土"实"出"讹,而非"吐"讹。又《列传》第三十九《宋游道传》,"游道从至晋阳,以为大行台。吏部又以为太原公开府谘议,及平阳公为中尉,游道以议领书侍御史",此"以议领书"四字,必有脱误。殿本作"游道以为太原侍御史"。骤读之似甚顺,不知侍御史非外职,不当冠以地名,改者见上文有"太原公"之称,以为其官必隶公府,但前后不接,更增一"为"字以联之。于是遂似游道别举一人以充斯职,是则文义更不可通矣。《魏·官氏志》有开府谘议参军,有治书侍御史,品秩相等。时游道正官太原公开府谘议。窃谓原文"议"上夺"谘"字,"领"下夺"治"字,当作"游道以谘议领治书侍御史",似较殿本所改为适。又《列传》第四十二《高阿那肱传》:"安吐根曰一把子贼刺取郎者汾河中。""郎者"二字,殿本作"掷取",汲古本作"一掷"。"郎"、"掷"形似,故易推测。"者"字无可比拟,毛氏去之,代以"一"字。殿本且并删之。然"郎"可改"掷","者"何不可改"诸"?且"掷诸汾河",语意更为完满。此不过就文字言之,而原文究为何语,则不可知矣。尤有证者:《列传》第三十七有《睦豫传"。钱氏《廿二史考异》曰："《广韵》'睦'字下不云'又姓'，它书亦未见睦姓者。然诸本皆从'目'旁。"按本传："睦豫，赵郡高邑人。"本书《崔暹传》："赵郡睦仲让阳屈之。"《魏收传》："房延祐、辛元植、睦仲让虽夙涉朝位，并非史才。"《北史》此二传皆作"眭仲让"。又《魏书·逸士传》，有眭夸者，亦赵郡高邑人。又《慕容宝传》有"中书令眭邃"，汲古本亦误作"睦"，而监本则作"眭"。由此推之，眭氏必为赵郡巨族，且当时人物必甚盛。窃疑"睦豫"当为"眭豫"之讹，犹幸尚从目旁，未改为"陆"。使非然者，恐钱氏亦无从致疑矣。古之良史，纪其所闻所见，每用其当日之语言，千百年来，必有变迁，且书成而后，几经写刻，鲁鱼帝虎，更所难免。赖有廑存之本，去古未远，踪迹易寻，审慎追求，或犹可稍得其事实。则即此讹误之字，抑亦古人遗迹之可宝者也。使徒就吾辈口耳所习，读其书，遇有疑义，辄参己见以删订之，未有不失其真者。不然，孔子修《春秋》，何不取"郭公"、"夏五"之文，而竟加以笔削乎？窃愿读是书者一思之也。海盐张元济。

(百衲本《北齐书》卷末，商务印书馆，1934年)

宋蜀刻大字本补配元明递修本《周书》跋

眉山《七史》，唯《周书》最罕见。涵芬楼独有其二，且宋刊之叶，尚存什之七八。壬申初春，正在摄影，将付印矣。战事遽作，毁于火，残余才百数十叶。悬格访补，应者凡六七部，多刓敝不可用。余友吴县潘博山以所藏三朝本相假，元、明补版，多于涵芬藏本，版心虽已剜去，一望可识。然以余所见，此亦其亚已。《列传》第十二《贺兰祥传》："宣阳县公"下，有"建德五年，从高祖于并州。战殁，赠上大将军，追封清都郡公。师，尚世宗女，位至上仪同大将军、幽州刺史、博陵郡公。宽，开府仪同大将军，武始郡公。祥弟隆，大将军、襄乐县公"六十六字，为武英殿本及明监本、汲古阁本所阙。尚不止此，《纪》第四《史臣赞》："享年不永"下，有"呜呼"二字。《列传》第十《王罴传》："有客与罴食瓜"下，有"客削瓜"三字。《列传》第二十六《元定传》："遂为度等所执"下，有"所部"二字。《列传》第二十八《裴果传》："幽州总管府"下，有"司马朔州总管府"七字。《列传》第三十一《杜杲传》："后四年迁"下，有"温州诸军事"五字。殿本及他本亦无之（唯汲古本有"客削瓜"三字）。其他讹字，不胜枚举。举其甚者：《纪》第七"大象二年"下，"立天元皇后杨氏为天元大皇后，天皇后朱氏为天大皇后，天右皇后元氏为天右大皇后"，三"大"字，殿本均作"太"。按宣帝即位，即立妃杨氏为皇后。大象元年四月，又立妃朱氏为天元帝后。七月，又改天元帝后朱氏为天皇后，立妃元氏为天右皇后。又《列传》，"宣帝杨皇后，隋文帝长女；朱皇后，静帝之母；元皇后，开府晟之第二女"。是可知三氏皆皇后。殿本称"太皇后"，实误。《列传》第七《于谨传》："太师晋国公护升阶，设几于席"，承上文"有司设三老席于中楹"而言，殿本乃云"设几旋席"，一似原未有席者，岂非自相牴悟？《列传》第十二《尉迟纲传》："太祖西讨关陇，迥、纲与母昌乐大长公主留于晋阳"，殿本乃曰"留守晋阳"，是纲与其兄母同为守土之官矣。安得有此事乎？《列传》第十五《苏绰传》："以供养老之具"，殿本"养老"作"养生"。上文已言"以备生生之资"矣，此又何必复述？故知"养生"二字实非。《列传》第二十二《于翼传》,"数日间至",殿本"间"作"问"。间者,犹言间谍。时土谷浑入寇河右,凉、鄯、河三州咸被攻围,军事方急,遣使侦探,事所当有。若通音问,恐有未能。《列传》第三十八《皇甫遐传》:"遭母丧,乃庐于墓侧,负土为坟。后于墓南作一襢窟。"又云:"襢窟重台两匝,总成十有二室。"按"襢"字当从衣旁,训附、训小,盖遐于其母墓侧,穿一窟室,取土培墓,已即处于窟中,冀朝夕不离其母。而殿本乃改为"禅窟",按之本传,绝无于彼习佛参禅之意。盖"襢"、"禅"形近,遂因而致误耳。《列传》第四十二《突厥传》:"父兄伯叔死者",殿本无"兄"字。按此对下文"子弟及侄等与后母、世叔母及嫂"言,若无"兄"字,则文义为不完矣。先是涵芬藏本未毁时,余尝用校诸本,其《校记》尚存。《纪》第七:"大象二年"下,"每召侍臣谕议",是本"谕议",作"论议"。《列传》第七《李檦传》:"赠恒、朔等五州刺史",是本无"赠"字。《列传》第十《王罴传》:"讨平诸贼",是本"讨平"作"许平"。《列传》第十六《卢辩传》:"强记默识",是本"默识"作"默契"。《列传》第二十《史宁传》:"梁武帝引宁至香磴前",是本"磴"作"蹬"。《列传》第二十二《窦炽传》:"政号清净",是本"净"作"静"。《列传》第二十四《陆通传》:"战于邙山",是本"邙"作"芒"。《列传》第二十六《元定传》:"先时生羌据险不宾者",是本"生羌"作"主羌"。《列传》第二十八《司马裔传》:"信州蛮酋冉令贤等",是本"冉"作"舟"。《裴果传》:"司右中士帅都督凉州别驾",是本无"士"字。《列传》第三十一《辛庆之族子昂传》:"遂募开、通二州得三千人",是本"开、通"作"通、开"。《列传》第三十三《庾信传》:"才子并命,俱非百年",是本"非"作"飞"。又"砯窑摺拉",是本"砯"作"州"。《列传》第三十六《扶猛传》:"时遣使微通饷馈而已",是本"微"作"徵"。凡此诸字,均似旧本胜于今兹所用之本,而灰烬销沉,永不复见于人世,良可惜已。海盐张元济。

(百衲本《周书》卷末,商务印书馆,1934年)

元大德刻本《隋书》跋

此元大德九路刊本也。明黄佐《南雍志》:"元江东建康道肃政廉访使以《十七史》艰得善本,从太平路学官之请,遍牒九路,令本路以两《汉书》率先,诸路咸取而式之。"按《元史》建康道所辖九路:一、宁国,二、徽州,三、饶州,四、集庆,五、太平,六、池州,七、信州,八、广德,其九为铅山州,不称路,然直隶行省,与路同。是本版心有"尧学"、"路学"、"番泮"、"浮学"、"乐平"、"锦江"、"初庵"等字。"尧"为"饶"之省文,"尧学"、"路学"即饶州路学,"番泮"即鄱阳县学,"浮学"、"乐平"即浮梁、乐平二州学。盖某路承刊某史,又与其所属州县分任之。至"锦江"、"初庵"皆书院名。锦江在安仁县,为宋倪玠讲学之所;初庵在德兴县,为邑人傅立号初庵者所设。元制,书院设山长,亦为朝廷命官,故与州、县学同任刊刻之役也。殿本是书据宋刻校勘,故讹脱视他史为少。然校刊官张映斗《识语》谓:"宋本残缺,乃以监本为底本。"故有时不免为监本所误。即以地名、人名、官名、物名言之,如《高祖纪》下"开皇十年六月癸亥,以浙州刺史元胄为灵州总管",监本"浙州"乃作"浙江"。本书《地理志》下,"余杭郡"注:"平陈置杭州"。当时并无"浙州"之名。至浙江则至明洪武时始有之。而《地理志》中有"淅阳郡",注:"西魏置浙州。"隋初未改郡,当仍其称。此"浙"字必"淅"字之讹。殿本不知改"浙"为"淅",而反沿监本"浙江"之名,误一。又《地理志》上:"西城郡统县黄土。"注:"西魏置洵阳郡,后周改郡置县,曰黄土。"监本"洵阳"乃作"洎阳"。本书《地理志》中,"洵阳郡"注:"西魏置蒙州,仁寿中改曰洵州。"《寰宇记》,"洵水在废洵阳县西一百步,自商州上津县来,东流注于汉。"是洵阳实以洵水得名。殿本沿监本作"洎",误二。又《张煚传》:"河间鄚人也",监本"鄚"乃作"鄭"。本书《地理志》中,河间郡统县十三,有鄚县。隋有鄭州,属荥阳郡;有鄭县,属京兆郡,去河间均甚远。《旧唐书·地理志》,"河北道莫州,本瀛州之鄚县。开元十三年以'鄚'字类'鄭'字,改为'莫'。"是"鄚"之讹"鄭",由来已久。监本然,殿本亦然,误三。又《李密传》:"王世充引兵来与密决战,密留王伯当守金墉,自引精兵就偃师,北阻邙山以待之。"《旧唐书》纪此事,亦作"邙山"。监本"邙山"乃作"邛山"。《元和郡县志》:"北邙山在偃师县北二里。"此云"就偃师",必为邙山无疑。监本作"邛"者,误于形似也。殿本仍之,误四。又《律历志》中,张宾改历,刘孝孙等驳言其失,谓:"《汉书》武帝太初元年丁丑岁,落下闳等考定《太初历》。"又《天文志·浑天仪》篇,"落下闳为汉孝武帝于地中转浑天定时节"。监本"落下"乃均作"洛下"。《汉书·律历志》,"武帝元封七年,议造汉历,募治历者,方士唐都、巴郡落下闳与焉"。"落下"不作"洛下",监本妄改,殿本从之,误五。又《王充传》:"有道士桓法嗣者,自言解图谶。"监本"桓"乃作"相"。《北史》、两《唐书》《世充传》纪此事,均作"桓法嗣",不作"相法嗣"。盖"桓"为宋讳避缺末笔,元本亦往往沿之。监本不察,误认为"相",殿本循之,误六。又《礼仪志》六,纪文武冠服,《尚书都令史》节,"谒都水令史",监本乃作"谒都令史"。按"谒"为"谒者台","都水"为"都水台","令史"为二台属官,且上文有"尚书都令史",谒者位卑,不当有都令史,必为"都水"无疑。监本既脱,殿本不予补正,误七。又《史祥传》:"进位上开府,寻拜蕲州总管。未几,征拜左领左右将军。"监本乃作"左领军右将军"。本书《百官志》:"左右领、左右府,各大将军一人,将军二人。"曰"各一人、二人"者,必有左领或右领左右大将军、将军矣,且《独孤陁传》亦有"拜上开府右领左右将军"之语。此可证"左领左右将军"实有其官。监本疑叠见"左"字有讹,故改其一,殿本因之,误八。又《裴矩传》:"祖他,魏都官尚书",监本乃作"郡官尚书"。《魏书·官氏志》有列曹尚书。都官为列曹之一。《魏书》、《北史》本传,虽不言其曾官此职,然若以"郡"上属"魏"字,"官"下属"尚书"字为句,则更不成词,且魏官名无独用"尚书"二字者。监本失于前,殿本踵于后,误九。又《李崇传》,"突厥欲降崇,遣使谓之曰:'若来降者,封为特勤。'"《西突厥传》:"其国立鞅素特勤之子",监本二"特勤"字乃均作"特勒"。耶律铸《双溪醉隐集》自注:"和林城东北,有唐明皇开元壬申御制御书《阙特勤碑》。其碑额及碑文,皆是'殷勤'之'勤'字。唐新旧史凡书'特勤',皆作'衔勒'之'勒'字。误也!诸突厥部之遗俗,犹呼可汗之子为'特勤'、'特谨'字也。"近人在三音诺颜之哲里梦,获睹是碑,拓以示人。释之者谓今蒙古呼王之子弟皆为"台吉",即"特勤"、"特谨"之转音,且据此以驳顾亭林、毕秋帆之言,而伸钱竹汀之说。又《突厥传》:"都蓝可汗遣其母弟褥但特勒献于阗玉杖",是本亦已误"勤"为"勒",监、殿二本,且更误为"持勒"矣。是"特勤"二字之见于是本者,岂非硕果之遗。殿本袭监本之谬,误十。尚有一字,其异同仅在点画之微,亦正惟其微,而愈征旧本之足贵。《礼仪志》六《皇后衣十二等》节,其翟衣有六,"采桑则服鵹衣",注:"黄色。"其下诸公夫人、诸伯夫人、诸子夫人、三妃、三公夫人均服此衣,故"鵹"字凡七见。是本惟"诸公夫人"节误作"忄"旁,监本则全作"鵹"。《尔雅·释鸟》:"鵹,雉。"郭璞注:"黄色,鸣自呼。"与本书注正同。鵹衣外尚有翚衣、摇衣、鷩衣、鶄衣、翙衣五者,皆以雉文为色,故称翟衣。亦正与《尔雅》鷩雉、秩秩、海雉、鶄雉、翚鷮各注色泽相合。是"鵹"之当从"卜"旁,毫无疑义。是本误者一,而未误者六。校刊监本者见旧本互有异同,以"卜"旁之字罕见,遂不问上下文之意义及其字之有无,而昧然尽改为"忄"旁。武英殿校刊诸臣,一仍旧贯,更无所容心于其间,而"鵹"字遂从此湮灭。刊书之人愈多,而识字之人愈少,岂非事之可哀者乎!《仪顾堂题跋》谓是本《百官志》上、《董纯传》各有阙文,证之是本,所脱正同。古籍日稀,奚能姑舍?美犹有憾,吾无讳焉。海盐张元济。

(百衲本《隋书》卷末,商务印书馆,1935年)

元大德刻本《南史》跋

眉山《七史》既印行,《隋书》选用元大德本,亦已竣工,当续出《南北史》。《北史》宋刻廑有残本,而《南史》则几绝迹于天壤间,不得已而思其次。北平图书馆藏元大德本,既借影如干卷,不足,补以涵芬楼藏本,顾版多漫漶不可读。余友常熟瞿良士、江安傅沅叔各出所藏,以弥其憾。虽间有补版,然皆清朗悦目,是亦为建康道属九路刻本。卷首有大德丙午刊书序,惜缺一叶,诸家藏本均同,无自访补。版心不记刊版地名,惟《梁本纪》八,第一叶鱼尾下有"古杭占闰",《列传》第三十一第十八叶有"古杭良卿刊"等字。又《列传》第七十末叶版心下题"桐学儒生赵良粢谨书,自起手至阁笔凡十月"小字二行。县名首冠"桐"字者,不一。以上文刻工推之,当为桐庐。按元太平路刻《汉书》,儒学教授孔文声跋,有"致工于武林"之语。宋南渡后,杭州刻书甚盛,即遭鼎革,良工犹存。以意度之,是占闰、良卿二人必至自武林之匠役。写官赵氏或同时与之俱来。至为何路所刻,则不能确定矣。《铁琴铜剑楼藏书目》称是本《谢瀹传》"流湎"不误"沈湎";《王俭传》"长兼侍中"不误"长史兼侍中"。《双鉴楼藏书续记》亦历举是本卷一胜于殿本者有二十余字。然尚有出于所述外者。殿本及明监本、汲古阁本《齐本纪》上,宋帝《九锡文》,"乃者袁、刘构祸,实繁有徒"。袁、刘何人?王鸣盛举袁标、刘延熙以当之。是本"袁、刘"作"袁、邓"。按本史《宋本纪》下,"泰始元年十二月,江州刺史晋安王子勋举兵反,镇军长史袁顗赴之。邓琬为其谋主。"(宋本《宋书》作"刘琬"实误,殿本《考证》谓无其人。)若袁标、刘延熙者,不过后来响应之辈,且也袁、刘同时举兵者,尚有顾深、王昙生、程天祚诸人。《九锡文》赞扬齐帝功业,必以戡除祸首为言,断无遗首举从之理。是知"袁、刘"误而"袁、邓"实不误也。《江祏传》,"祏等既诛,帝恣意游走,单骑奔驰,谓左右曰:'祏常禁吾骑马。小子若在,吾岂能得此?'因问祏亲亲余谁。答曰:'江祥,今犹在也。'乃于马上作敕,赐祥死。"是本作"今犹在冶",不作"在也"。按本史《梁武帝纪》:"东昏闻郢城没,乃为城守计,简二尚方二冶囚徒以配军。"《始安王遥光传》:"遥光欲以讨刘暄为名,夜遣数百人破东冶出囚。"《晋安王子懋传》:"子懋既被害,其故人董僧慧为王玄邈所执。僧慧请俟主人大敛毕,退就汤镬。玄邈义之,具白明帝,乃配东冶。"《文学·卞彬传》:"永明中琅邪诸葛勖为国子生,坐事系东冶,作《东冶徒赋》。"是"冶"者,实为当时絷系囚徒之所。江祐既诛,其弟祥必以亲属系狱。左右答明帝问,谓今犹在"冶"者,犹言今尚在狱中也。若仅言其人犹在,则必先事追捕,又安能即于马上作敕赐死乎?是知"在也"误,而"在冶"实不误也。《兰钦传》:"钦授都督衡州刺史,未及赴职",下文"诏加散骑常侍,仍令赴职"。是本均作"述职",不作"赴职"(此惟汲古阁本未改)。按本史《张缵传》,"改为湘州刺史,述职经涂,作《南征赋》。"《孙谦传》,"宋明帝以为巴东、建平二郡太守。谦将述职,敕募千人自随",虽与《孟子》"诸侯朝于天子"之义有所不合,然此自是当时通行之语。且张缵、孙谦二传亦均仍其原文,则《兰钦传》必为后人窜改。是可知"赴职"误,而"述职"实不误也。《昭明太子传》:"始兴王憺薨,旧事以东宫礼绝傍亲,书翰并依常仪,太子以为疑,命仆射刘孝绰议其事。"是本作"仆刘孝绰",无"射"字。按下文"太子令亦言刘仆议云:'傍绝之义,义在去服'"云云,并不称"刘仆射"。孝绰本传:"为太子仆,掌东宫管记。"《梁书》本传,亦言"先后为太子仆",考其历官,未至仆射。是可知"仆射"误,而无"射"字实不误也。《孝义·江泌传》:"牵车至染乌头,见一老公步行,下车载之,躬自步去梁。武帝以为南康王子琳侍读。"是本"躬自步去"下"武帝"上作"染",不作"梁"。按本史《梁武帝诸子传》,有南康简王绩,而无子琳其人。子琳实为齐武帝第十九子,见《齐武帝诸子传》。《齐书·江泌传》亦言:"世祖以为南康王子琳侍读。"且"染"为上文"染乌头"之省文,"步去"下缀此一字，于文义亦较完足。是知"梁"误而"染"实不误也。其他讹舛，不可偻指，余别有札记，今不悉举矣。海盐张元济。

（百衲本《南史》卷末，商务印书馆，1935年）

元大德刻本《北史》跋

《北史》宋椠，世间尚有存者，然皆不全。且《南史》已采元大德本，故亦取同时刊本，以为之配。校读既竣，其较胜于时本者：《魏孝庄帝纪》，"永安二年秋七月，以柱国大将军太原王尔朱荣为天柱大将军"下，多"癸酉临颍县卒江丰斩元颢，传首京师，甲戌以大将军"二十一字（见《本纪》第五第四叶）。《魏宗室·元丕传》，燕州刺史穆罴论移都事，"臣闻黄帝"下，多"都涿鹿，古昔圣王，不必悉居中原，帝曰：黄帝"十七字（见《列传》第三第十一叶）。《儒林·刘献之传》"献之语诸从学者：傥不能然，虽复不"句，"复不"作"复下"，以下多"帷针股蹑屩从师，正可博闻多识，不过为土龙乞雨眩惑，其于"二十四字（见《列传》第六十九第十一二叶）。《恩幸·和士开传》，"士开说武成以国事分付大臣，于是委赵彦深"下多"掌官爵，元文遥掌财用，唐邕掌外兵，白建掌骑兵，冯子琮胡长粲"二十五字（见《列传》第八十第二十七叶）。《韩凤传》纪段孝言监造晋阳宫事，"见孝言役官夫匠自"下，多"营宅，即语云：仆射为至尊起台殿，□未讫，何用先自营造，凤及穆提婆"二十六字（见《列传》第八十第三十六叶）。明监本、武英殿本固均阙如，即校勘较慎之汲古阁本，亦仅存《魏孝庄帝纪》一则，余四则皆佚。其他单词只字之较胜者，尤不可指屈。然则此本虽非最上，抑犹不失为次也。原本板心卷第多附"上"字，然有上无下，求其故，不可得，存之，转滋眩瞀，因悉芟削，附识于此。海盐张元济。

(百衲本《北史》卷末，商务印书馆，1935年)

宋刻本补配明闻人诠刻本《旧唐书》跋

石晋时刘昫等奉敕撰，原称《唐书》，自欧、宋重修本出，始以"旧"别之。全书二百卷。是本存宋刻《志》卷第十一至十四，卷第二十一至二十五，卷第二十八至三十。《列传》卷第十五至二十八，卷第三十八至四十七，卷第五十至六十，卷第七十八至八十三，卷第一百十五至一百十九，卷第一百二十九至一百三十四，卷第一百四十下至一百四十四上，凡六十七卷，又子卷二卷。余均以有明嘉靖闻人诠、沈桐校刻本配。闻人《自叙》，谓"穷搜力索，得宋遗籍"。文徵明《叙》谓："是书尝刻于越州。卷后有教授朱倬名，倬忤秦桧，出为越州教授，当是绍兴初年。"是本宋刻，卷末有"左奉议郎充绍兴府府学教授朱倬校正"一行者，凡十五卷，与闻、沈所据本正同。顾绍兴原刻，每半叶十四行，行二十五字。嘉靖覆刻行数犹同，而字数增一，为微异耳。文《叙》又言："世无善本，沈君仅得旧刻数册，较全书才十之六七，遍访藏书之家，残章断简，悉取以从事。校阅惟审，一字或数易"云云。夫字为数易，则必无原书可据，而出于臆改可知。沈氏记借书者陈沂、王延喆、王穀祥、张汴四人，皆吴中藏书家。是本钤有"绍兴府镇越堂官书印"者若干卷，疑彼时必犹皮越中,未为沈氏所见。故其中如《志》卷十四《历》三第二十叶,"求九服所在每气蚀差"节,"并二率半之,六而一为夏率,二率相减,六一为差,置总差六而一为气。半气差,以加夏率。又以总差减之为冬率,冬率即是冬至之率也。每以气差加之,各气为每气定率"。明本竟误为"并二率半之,六而一为夏,总差减之为冬率。冬率即是冬至之率也。每以气差加之,各差以加夏率,又以二率相减,六一为差。置总差,六而一,为气。半气为每气定率"。又卷二十一《地理》四第二十四叶,"广州中都督府"节:"其年又以"下,明本又夺"义宁、新会二县立冈州,今督广、韶、端、康、封、冈、新、药、陇、窦、义、雷、循、潮十四州。永徽后以广、桂、容、邕、安南府皆隶广府都督统摄,谓之五府节度使,名岭南五管。天宝元年,改为南海郡。乾元元年,复为广州。州内"七十八字。《列传》卷一百四十下第四叶《李白传》"隐于剡中"下,明本又夺"既而玄宗诏筠赴京师,筠荐之于朝,遣使召之,与筠俱待诏翰林。白"二十六字。武英殿本虽未明言其所自出,然实以闻、沈刻本为主。上列三条,明本已佚而殿本无之,犹可言也,乃何以明本具存而殿本亦阙如!《志》卷九《音乐》二第十二叶"制氏在太乐能记铿锵鼓舞河间"下,夺"王著乐记八佾之舞,与制氏不甚相远,又舞八佾之明文也。《汉仪》云"二十六字。又同叶"充庭七十二架"下,夺"武后迁都乃省之,皇后庙及郊祭并二十架"十七字。又卷十七《五行》第七叶"溺死者数千人三年"下,夺"夏,山东、河北二十余州大旱,饥馑,死者二千余人。景龙二年正月"二十五字。又卷二十一《地理》四第十五叶"戎州中都督府"节"以处生獠也"下,夺"戎州都督府,羁縻州十六,武德、贞观后招慰羌戎开置也"二十二字。又卷二十四《职官》三第十一叶

"卫尉寺"节,"卿一员从三品"下,夺"古曰卫尉,梁加卿字。隋品第二,龙朔改为司卫正卿,咸亨复卫尉卿也"二十七字。又同卷第十三叶"鸿胪寺"节,"卿一员从三品"下,夺"周曰大行人、中大夫,秦曰典客,汉曰大鸿胪,梁加卿字,后周曰宾部中大夫,隋官从三品,龙朔为同文正卿,光宅曰司宾"四十六字。又第十四叶"司农寺"节,"景帝改为大农,武帝加"下,夺"司字,梁置十二卿,以署为寺,以官为卿"十五字。又第十五叶"太府寺"节,"梁置,后周曰"下,夺"太府中大夫,隋为太府卿,品第三,龙朔改为外府正卿,光宅为司府卿,神龙复也"三十一字。《列传》卷一百三十五下第十四叶《袁滋传》"拜检校吏部尚书平章事剑南西川节度使"下,夺"贼兵方炽,滋惧而不进,贬吉州刺史,俄拜义成军节度使"二十二字。又卷一百四十九上《高丽传》第四叶"因下马再拜以谢天,延寿"下,夺"惠真率十五万六千八百人请降,太宗引入辕门,延寿"二十一字。他类是者,不胜枚举。此则馆臣校勘之疏,实不能自辞其咎矣。或有为之解者曰:信如是说,何以又有宋、明二本俱无其文,而独见于殿本,且文义确似较胜者?曰:宋、明二本,固不能一无讹脱,然吾敢言殿本所独有者,必非刘氏原书。何以言之?闻、沈二氏所得宋本,因有残缺,以意修订,故与宋本时有异同。沈德潜等殿本校勘跋语,明言:"合之《新书》,以核其异同,征之《通鉴纲目》,以审其裁制,博求之《通典》、《通志》、《通考》与夫《英华》、《文粹》等书,以广其参订。参错者更之,谬误者正之。"然则殿本之异于宋、明二本者,必出于采用以上之书,是只可谓为清代重修之本,而不得视为刘氏原撰之本也。清道光时,扬州罗士琳、刘文淇辈尝校是史,以宋人所引书为之考证,其异于今之殿本者,往往转与《太平御览》、

《册府元龟》、《元和郡县志》、《太平寰宇记》、《唐会要》诸书相合。然则清代重修之本,抑犹有未可尽信者欤！尤有证者,诸突厥部呼可汗之子为"特勤",余于《隋书》后跋已详言之。是本《列传》卷七第十叶《张长逊传》,"遂附于突厥,号长逊为割利特勤",又卷十第五叶《襄武王琛传》,"遣骨咄禄特勤随琛贡方物",又卷十二第九叶《李大亮传》,"北荒诸部,相率内属,有大度设、拓设、泥熟特勤及七姓种落等,尚散在伊吾",殿本均误为"特勒"。请更举数字,宋本吾勿言,即在明本已误者亦勿论。其未误者,如《列传》卷十六《房玄龄传》第四叶:"高昌叛换于流沙,吐浑首鼠于积石。"又卷三十四《裴行俭传》第九叶:"吐蕃叛换,干戈未息。"又卷九十九《归崇敬传》第八叶:"以两河叛换之徒,初禀朝命。"此"叛换"二字,殿本均改为"叛涣"。又本纪卷十一《代宗纪》第十六叶:"其天下见禁囚,死罪降从流,流已下释放,左降、流人、移隶等,委所司奏听进旨。"又《列传》卷一百十五《温造传》第十二叶:"即合待罪朝堂,候取进旨。"又卷一百四十下第六叶《吴通玄传》,"天子召集贤学士于禁中草书诏,因在翰林院待进旨,遂以为名。"此"进旨"二字,殿本均改为"进止"。又《列传》卷一百二十九《张濬传》第八叶:"张濬所陈,万代之利也;陛下所惜,即目之利也。"又《列传》卷一百三十二《高骈传》第十一叶:"逆党人数不多,即目弛于防禁。"此"即目"二字,殿本均改为"即日"。又《列传》卷二十七第十二叶《崔义玄传》:"兼采众家,皆为解释,傍引证据,各有条流。"又卷一百十五《柳公绰传》第四叶:"乃下中书条流人数,自是吏不告劳。"又《柳仲郢传》第六叶,"武宗有诏减冗官。吏部条流,欲牒天下州府取户额官员。"此"条流"二字,殿本均改为"条疏"。是不过以其罕用,而易以习见之词,然不知已蹈窜乱古书之弊矣!钱大昕精于史学,其所撰《廿二史考异》论本书《地理》者,"关内道凤翔府"下"改雍州为凤翔县"句,谓"'州'字衍。"而明本实作"雍县",不作"雍州"。见《志》卷十八第十叶前九行。又"河南道河南府"下"领洛、郑、熊、榖、嵩、管、伊、汝、管"句,谓"两'管'字必有一误"。而明本实作"伊、汝、鲁",不作"伊、汝、管"。见同卷第二十叶前六行。又"郓州"下"天宝元年改为河阳郡"句,谓"'河阳'当为'济阳'之讹"。而明本实作"济阳",不作"河阳"。见同卷第三十一叶前九行。又"棣州"下"猒次,汉当平县"句,谓"'当平'盖'富平'之讹。"而明本实作"富平",不作"当平"。见同卷第三十六叶后十四行。又"山南道利州"下"汉葭萌县地,属为汉寿县"句,谓"'属'当作'蜀'。"而明本实作"蜀",不作"属"。见《志》卷十九第三十二叶后三行。钱氏多读异书,断无不见闻、沈刻本之理,而兹数卷者,以上文所言证之,则确为其所未睹。明本罕秘,在钱氏时已然,况绍兴原刻更在其前四百年者乎!闻人叙曰:"古训有获,私喜无涯。"校阅既竟,吾于是书亦云。海盐张元济。

(百衲本《旧唐书》卷末,商务印书馆,1935年)

宋刻本《新唐书》跋

缪艺风前辈得南宋建安魏仲立所刊《新唐书》,其后归于余友刘翰怡。版印极精。余既假得摄影,凡阙四十余卷,求之数年,卒无所遇。岁戊辰,东渡观书于静嘉堂文库,睹皕宋楼陆氏旧藏小字本,半叶十四行,行二十五字,堪与《旧唐书》相耦。亟思印行,顾有残阙。然以天禄琳琅藏本,亦云行密字整。且诸家藏印如李安诗,如钱唐梁氏,如梅谷,款识皆同,私意必可胖合,乃乞影携归。而故宫之书又已无存。复匄北平图书馆残帙补之,犹不足,适书肆以别一残宋本至,为商邱宋氏故物,视陆本每半叶仅赢二行,行增四、五字,喜其相近,亟留之。凡陆本所无及漫漶过甚者,均可搀配。然犹缺《表》之第八、九卷,又原目亦仅存五叶,不得已更缩刘本以足之,于是此书全为宋刻矣。陆氏本避讳及英宗止。《仪顾堂题跋》定为嘉祐进书时所刻,并北平配本,存《本纪》十卷,《志》五十卷,《表》十三卷,《列传》一百十四卷,又子卷六。其足以纠正殿本者,《地理志》第二十八,陕州陕郡夏县注下,多"芮城"二字。又注"望武德二年以芮城河北永乐置芮州。贞观元年州废,以永乐隶鼎州。芮城河北来属"三十三字。《艺文志》第五十,"《卢受采集》二十卷"句下,多"《王適集》二十卷,《乔知之集》二十卷"十三字。又"《崔液集》十卷,《张说集》"下多"二十卷《苏颋集》"六字。《宰相表》上第一"贞观四年二月甲寅,珪为侍中"节下,多"七月癸酉,瑀罢为太子少傅"一行。又《表》下第三,"乾符元年十一月,彦昭为门下侍郎"节,"畋为中书侍"下,多"郎兼礼部尚书,携为中书侍郎"十二字。《列传》第一,《则天顺圣皇后武氏传》"凡言变吏不得何诘"句,又《上官昭容传》"是时左右内职皆听出外不何止"句,"何"均不作"呵"。按《史记·秦本纪》,太史公引贾生之言:"陈利兵而谁何?"如淳注:"何,犹问也。"是"何"字不误也。又第二十六《萧复传》,"自杨炎、卢杞放命"句,又第二十八《韦云起传》"御史大夫裴蕴怙宠放命"句,"放"均不作"妨"。按《尚书·尧典》"方命圮族",孔

《疏》："郑、王以'方'为'放'，谓放弃教命。"是"放"字不误也。又第一百一十七《张巡传》："士日赋米一勺，齕木皮鬻纸而食"句，"鬻"不作"鬵"。按"鬻"即"煮"字，见《周礼》，此正与上文"齕木皮"相应。是"鬻"字不误也。又第一百四十六下《康传》，"在那密水之阳，东距何二百里"句，"何"不作"河"，与上文"曰安、曰曹、曰石、曰米、曰何、曰火寻、曰戊地、曰史"合，是"何"字不误也。至配入之宋氏本，凡三十有二卷，又子卷四。宋讳避至高宗止。其《列传》第二十三《马周传》"往贞观初，率土霜俭"句，"霜"不作"荒"，按《本纪》"贞观元年八月，河南陇右边州霜"。又《旧书》，同年月，亦云"关东及河南陇右沿边诸州霜害秋稼。"是"霜"字实不误。又第二十五《封伦传》："初，窦建德援洛，王将趣虎牢"句，"王"不作"阳"，"王"谓秦王，与《窦建德传》合，是"王"字亦不误。又第七十六《关播传》"观察使皇甫政表其至以发帝怒"句，"表其至"不作"杀其侄"。按《旧书》亦言皇甫政"表其到以发上怒"，全无杀侄之事，是"表"、"至"二字亦不误。又第一百四十五《新罗传》："且言往岁册故主俊邕为王，母申太妃，妻叔妃"句，"叔"不作"淑"。按叔为王妃之氏，与《旧书》合，是"叔"字亦不误。又第一百二十五《卢履冰传》："罔极者，春秋祭祀，以时思之，君子有终身之忧之谓"句，不脱"之谓"二字，庶合诠解上文语意。又第一百四十六上《吐谷浑传》："帝欲徙其部于凉州之南山，群臣议不同，帝难之"句，不脱"不同帝"三字。按徙诺曷钵之议，本发自帝，群臣集议，各有所见，故帝难决，若无"不同帝"三字，则是建议在帝，决议在群臣，非当时之政体也。即此数则，已远出殿本之上。又所补刘本《方镇表》，书仅二卷，而殿本亦有甚大之疵缪，见于其间。按福建漳、潮二州，于天宝十载改隶岭南经略使,殿本于"乾元二年"后,忽增一叶,由三年至十四年,与本卷第四叶全同。但改"载"字为"年"字。按《本纪》肃宗乾元二年后,即为上元元年,又上元元年闰月己卯,大赦改元,《旧书》亦云:"乾元三年闰四月己卯,改乾元为上元。"是乾元只有二年,殿本不知何以衍此一叶。年岁既差,事实亦复,即是以观,而殿本之不可尽信,可断言矣。海盐张元济。

(百衲本《新唐书》卷末,商务印书馆,1936年)

吴兴刘氏嘉业堂刻本《旧五代史》跋

《宋史·太祖纪》:开宝六年四月戊申,诏修《五代史》。《玉海》:是年四月二十五日,诏梁、后唐、晋、汉、周五代史,宜令参政薛居正监修,卢多逊、扈蒙、张澹、李穆、李昉等同修。至七年闰十月甲子书成,凡百五十卷,目录二卷。其事凡记十四帝五十三年,为《纪》六十一,《志》十二,《传》七十七。《居正本传》则以监修《五代史》在开宝五年。王鸣盛已辨其误。晁氏《读书志》:"同修者尚有刘兼、李九龄二人。"或刊本结衔如是也。其后欧阳修以薛《史》繁猥失实,重加修定,藏于家。修殁后,朝廷闻之,取以付国子监刊行。按《宋史·选举志》,朱子议设诸经、子、史、时务各科试士。诸史以《左传》、《国语》、《史记》、《两汉》为一科,《三国》、《晋书》、《南北史》为一科,新、旧《唐书》、《五代史》为一科。《唐书》兼举新、旧,而《五代史》仅举其一。维时欧《史》盛行,所指必非薛《史》。又《金史·选举志》,"学校以经、史、子课士,均指定当用之书。诸史则

《史记》用裴骃注，《前汉书》用颜师古注，《后汉书》用李贤注，《三国志》用裴松之注，及唐太宗《晋书》，沈约《宋书》，萧子显《齐书》，姚思廉《梁书》、《陈书》，魏收《后魏书》，李百药《北齐书》，令狐德棻《周书》，魏徵《隋书》，新、旧《唐书》，新、旧《五代史》，皆国子监印之，授诸学校。至章宗泰和七年十一月癸酉，诏新定学令内削去薛居正《五代史》，止用欧阳修所撰。"按金泰和七年，当宋宁宗开禧三年，为朱子殁后七年。窃意是时南朝先已摈废薛《史》，北朝文化自知不逮，故起而从其后。自是其书遂微。元九路分刊《十七史》，明南、北监两刊《二十一史》均不之及。《四库总目》谓："惟明内府有之，见于《文渊阁书目》。"按《阁目》"宇"字号第三橱，存《五代史》十部，有册数，无卷数，不注新旧。使悉为薛《史》，不应通行之欧《史》反无一存。且薛《史》刊本绝少，亦不应流传如是之夥。如谓兼而有之，更不应一无区别。颇疑《总目》所言误也。以余所知，明万历间连江陈一斋有是书。所记卷数与《玉海》合，见《世善堂书目》。清初黄太冲亦有之，见《南雷文定》附录《吴任臣书》。全谢山谓其已毁于火。陈氏所藏，陆存斋谓嘉庆时散出，赵谷林以兼金求之，不可得，则亦必化为劫灰矣。然余微闻有人曾见金承安四年南京路转运司刊本。故辑印之始，虽选用嘉业堂刘氏所刻《大典》有注本，仍刊报搜访，冀有所获。未几，果有来告者，谓昔为歙人汪允宗所藏，民国四年三月售于某书估，且出其《货书记》相视。允宗，余故人也。方其在日，绝未道及。然余读其所记，谓所藏为大定刊本，与上文所云承安，微有不合。然相距不远，或一为鸠工之始，一为蒇事之期。题《五代书》，不作《五代史》。较今本不特篇第异同甚多，即文字亦什增三、四。且同时记所沽书凡七种。书名、版本均甚详，知所言为不虚。乃展转追寻,历有年所,迷离惝恍,莫可究诘。今诸史均将竣事,不得已,惟有仍用刘氏《大典》本,以观厥成。《大典》本者,余姚邵晋涵取《永乐大典》所引薛《史》,掇拾成文。不足,以《册府元龟》所引补之,均各记其所从出卷数。又不足,则取宋人所著如《太平御览》、《五代会要》、《通鉴考异》等书,凡数十种,或入正文,或作附注,亦一一载其来历。四库馆臣复加参订。书成奏进,敕许颁行。最先刊者为武英殿本。主其事者尽削其所注原辑卷数,彭元瑞力争不从,而薛《史》真面不可复见。且原文凡涉契丹之戎、夷、蕃、胡、寇、贼、虏、敌、伪、僭、酋首、凶、丑及犬羊、异类、腥膻、氊幕、编发、左衽、犯阙、盗据、猾夏、乱华等字,无一不改,一再失真。尤涉诬謷,久已为世诟病矣。同时有《四库全书》写本,近岁南昌熊氏据以景印,稍免于已上诸弊。然仍有所芟削。刘本得诸甬东抱经楼卢氏,疑亦当时传录之本。所列附注凡一千三百七十条。彼此对校,殿本少于刘本者凡五百三十八条,库本少于刘本者凡四百七十一条,虽殿本增于刘本者有三十九条,库本亦三条,而以此方彼,总不能不以刘本为较备。且刘本卷七十一有《郑元素传》,库本阙;卷九十六有《淳于晏传》,殿本又阙。卷九十八《张砺传》,文字亦视殿、库二本为详。凡此皆足证刘本之彼善于此也。曩闻长洲章式之同年尝迻录孔荭谷校邵氏稿本,驰书乞假。留案头者数月,悉心雠校,亦有异同。刘本有而孔本无者三百八十一条,有而不全者二十三条;孔本有而刘本无者六十五条。式之谓邵氏所辑,不免偶误,馆臣有所增补改正,然亦未必能出于刘本之上。所惜者,刘氏校勘稍疏,间有讹夺。全书既成,当续辑《校记》,并取各本所增注文,别为《补编》,以臻完美。然余终望金南京路转运司刊本尚在人间,有出而与愿读者相见之一日也。海盐张元济。

(百衲本《旧五代史》卷末,商务印书馆,1936年)

宋庆元刻本《五代史记》跋

此宋刊《五代史记》,朗、匡、卢、徵、戍、讓、煦、慎、勖皆阙末笔。卷十八《汉家人传》后有"庆元五年鲁曾三异校定"一行,当为宁宗时刊本。此为建阳坊刻,书中时有讹夺,然佳处正复不少。宋吴缜《五代史纂误》于是书纠摘綦详。如《唐明宗纪·赞》,"其即位时春秋已高,不迩声色,不乐游畋,在位十年",谓:"明宗在位止七年七月,可强名八年,以为十年则误。"此本固作"七年"。《唐家人·皇后刘氏传》,"同光二年四月己卯,皇帝御文明殿,遣使册刘氏为皇后",谓:"按《庄宗纪》,乃是同光二年二月癸未立皇后刘氏,与此不同。未知孰是?"此本固作"同光二年癸未",但脱去"二月"二字。《周臣传·赞》,"治君之用,能置贤知于近",谓:"按上下文意,此'治君之用'当是'治国之君',传写之误尔。"此本固作"治国之君"。《义儿·李存孝传》,"求救于幽州李斥威,斥威兵至",谓:"按《王镕传》,乃是李匡威,作'斥'则非。"此本固作"匡威"。是可见此所从出之本,胜于吴氏所见。如谓曾氏据《纂误》改正,则吴氏所举甚多,何仅取此数条耶? 他如《唐庄宗纪》下,"降于李嗣源,嗣源入于汴州",不脱下"嗣源"二字。《晋出帝纪》,"如京,使李仁廊使于契丹","如京"下无"师"字。《梁家人·皇后张氏传》,"天祐元年,后以疾卒","天祐"不误"天福"。《晋家人·高祖诸子传》:"重胤郯王"不误"郑王"。《宦者传》,"汉琼西迎废帝于路","路"不误"潞"。《职方考》,"秦、成、阶、凤四州均蜀有",不误"汉有"。《南汉刘𬬮世家》,"𬬮喜曰,昭、桂、连、贺本属湖南","昭、桂"不误"韶、桂",皆与吴兰庭《五代史记纂误补》所订正者合。又《周太祖纪》,"请立武宁军节度使赟为嗣","武宁"不误"泰宁"。《唐家人·皇后刘氏传》,"后嫁契丹突欲李赞华","突欲"不误"突厥"。《康福传》,"乃拜福凉州刺史,朔方河西军节度使","刺史"下不脱"朔方"二字。《张彦泽传》,"败契丹于泰州",不误"秦州"。《司天考》二,"天福五年十一月丁丑,月有食之","开运元年三月戊子,月有食之","显德三年十二月癸酉,月有食之",均不误"日食"。《职方考》,"衍州,周废",不误"周有"。"定州梁有义武",不误"义成"。《南唐李景世家》,"始改名景",不误"璟"。《闽王审知世家》,"唐以福州为威武军",不误"武威"。皆与钱大昕《廿二史考异》所订正者合。又《梁太祖纪》一,"天子复位",不误"复立"。《纪》二,"赦流罪以下囚",不误"以下因"。《梁末帝纪》,"刘郢为兖州安抚制置使以讨之","制置"下不脱"使"字。《唐家人太祖诸子传》,"以兵围其第而诛之",不误"族之"。《郭崇韬传》,"彦章围之",不误"图之"。《苏逢吉传》,"狱上中书",不误"狱中上书"。《楚马希范世家》,"开府承制",不误"开封"。皆与王鸣盛《十七史商榷》所订正者合。此外,尚有武英殿本及各本之讹误,前人皆未觉察,亦赖有此本始得考见者:如《梁太祖纪》二注"克丹州无主将姓名",不脱"克"字。按若无"克"字,则似谓丹州无主将姓名,而正文之"首恶王行思"为不可通矣。《周世宗纪》,"杀左羽林大将军孟汉卿",不误"汉琼"。按《旧五代史·本纪》亦作"汉卿",又武英殿本《考证》,监本脱"琼"字,今增正。是则此"琼"字为馆臣所增。又"及见淤口关止置寨",不误"上置"。按世宗下三关,瓦桥、益津二关皆建为州,惟淤口关则但置寨,故以作"止"为是。《郭崇韬传》,"梁兵日掠澶、相,取黎阳、卫州",不脱"取"字。按本书《梁末帝纪》,"龙德二年八月,段凝攻卫州,执其刺史李存儒"。《旧五代史·梁末帝纪》下,"龙德二年八月,段凝、张朗攻卫州,下之"。盖卫州本属唐,此时为梁所夺,故当有"取"字。《周德威传》,"以功迁衙内指挥使",《袁建丰传》,"明宗为衙内指挥使",《义儿·李嗣昭传》,"为衙内指挥使",均不误"内衙"。按唐末至宋初,各镇将多以亲子弟为衙内官。宋代尚有某衙内之称,其明证也。《张延朗传》,"以租庸吏为郓州粮料使",不作"租庸使"。按下文"梁兴,始置租庸使领天下钱谷",是"租庸使"为掌度支最高之职,似无降为郓州粮料使之理,则当以"租庸吏"为是。《张敬达传》,"自雁门入,旌旗相属五十余里","五十"不误"五千"。按此为契丹救太原之师,由雁门至太原,安得有五千里之遥?又按《四夷附录》一,"九月,契丹出雁门,车骑连亘数十里,将至太原",知不当作"五千"矣。《李罕之传》,"遣子颢送于梁以乞兵",不作"遣子顗"。按下文:"罕之子名顗者,早留于晋。罕之背晋归梁,晋王几欲杀顗。"则是往梁乞兵者,必是颢非顗无疑。《袁象先传》,"末帝即遣人之魏州,以谋告杨师厚,师厚遣裨将王舜贤至洛阳",叠见"师厚"二字。按如不叠见,则似末帝径自遣王舜贤至洛阳矣。《高行周传》,"契丹灭晋,留萧翰守汴,翰又弃去",不脱下"翰"字。按如无下"翰"字,则似契丹将汴弃去矣。《史圭传》,"为宁晋、乐寿县令","宁晋"不误"晋宁"。按宁晋与乐寿,在唐时同属河北道,地望相近。《新唐书》昆州有县四,晋宁居其一。然昆州在蛮州之列,隶戎州都督府,且《旧唐书》又作普宁,则作晋宁者非矣。《南平高季兴世家》,"季兴因请夔、忠等州为属郡","属"不误"蜀"。按"属郡",谓以夔、忠等州为己所属之郡也,作"蜀"者非。《南汉世家》篇末,注"皇朝开宝四年",不误"宋开宝"。《东汉刘承钧世家》,"太祖皇帝尝因界上谍者",《继元世家》,"太祖皇帝以诏书招继元出降",又"太祖皇帝命引汾水浸其城",又"太宗皇帝御城北高台受降",均不脱"皇帝"二字。此盖未经后人删改,犹足考见欧、徐原文。以上诸条,仅及一二,其他疵颣,殆不胜举。他日当别为详录,以资考证。卷首序目,原有阙叶,改用北宋残本。卷三十五第九叶,卷五十九第九叶,卷六十第三、四叶,卷六十二第四叶,卷七十四第六至十七叶,均写补,附识于此。海盐张元济。

(百衲本《五代史记》卷末,商务印书馆,1931年)

元至正刻本补配明成化刻本《宋史》跋

《宋史》为全史中最巨者,目录三卷,正书四百九十六卷,成于元世祖至正五年。翌岁,下杭州路雕板。陆存斋《仪顾堂题跋》称其所藏元本,每叶二十行,每行二十字,版心中间《纪》、《志》、《表》、《传》各为卷第。鱼尾上:左《宋史》几,右字数。鱼尾下:左写人姓名,右刻工姓名。至正中杭州刻本,是书初刊祖本也。不知元刊祖本,每叶二十行,而字数则每行各二十有二,版心鱼尾上有《纪》、《志》、《表》、《传》等字及字数。其下刻工姓名,均或记或不记,无《宋史》几及写人姓名。旧藏内阁大库,今归北平图书馆。当未出时，世无知者。故每以明成化本当之。桂阳朱英总督两广军务时，得漳浦陈布政家抄本，复于浙中得善本，以补其缺，成化十六年刊成。有英《自序》，市估辄去之，以冒元刻。不知者，每为所绐。嘉靖六年，锦衣卫闲住沈麟奏准校勘史书，礼部行文南京国子监，以祭酒张邦奇、司业江汝璧任校脩之役。同时差取广东原刻《宋史》付监。按《南廱志·经籍考》，《宋史》好板七千七百零四面，裂破、模糊板二千零四十三面，失者一百二十七面。今明监本间有板心无小字，或小字黑质白章者，皆监中补刻之板。《仪顾堂题跋》谓成化本以元本翻雕者，盖误以初刻为元板，补刻为本板也。大库元版存者仅四之一。余初意诸家藏目，多收元本，必可补完。迨往踪迹，所误悉如陆氏。无已，乃以成化初刻本充之，虽逊一筹，而佳处亦非他板所可几及。《本纪》卷三十五《孝宗纪》不脱第八叶，亦不复出卷三十三之第九叶。钱晓征、陆存斋均详言之，无待覆述。其他足以纠订殿本及他本之讹夺者，尤指不胜屈也。进而言元本，则《列传》第五十一《田况传》，"保州云翼军杀州吏据城叛，诏况处置之"句，"处"字下，比殿本多四百字。而成化本适满一叶，完善无缺。又第一百八十八《张栻传》，"卒时年四十有八"句，"有"字下，比殿本多四百有四字，成化本亦无之。然"有"字下全为墨板，实予留访得补刻之地。殿本则增入八字，改作完语，以自掩其不全之迹。是更可见至正、成化二本之胜，而殿本尽沿监本之讹，不加审慎，亦可征矣。昔人讥《宋史》最为芜冗，余谓其《宗室世系表》泛抄《玉牒》，尤属无用。然覆刻与重修不同，既为原书本文，只可悉仍旧贯。《表》第三十二，此所影者为成化本，以依元抄本校之，增得一叶，今附卷末，以留真面。《表》中人名半属奇字，有不可以常理度者,殿本每加改窜,期于易识,殊违名从主人之例。印板漫漶,点画致多不全,此亦悉存原迹,不敢稍有变易。阙疑之慎,窃愿勉焉。海盐张元济。

(百衲本《宋史》卷末,商务印书馆,1937年)

元刻本《辽史》跋

《辽史·进史表》是史成于至正四年三月,先于《金史》者八月。按元刻《金史》,卷首有江浙等处行中书省准中书省至正五年四月十三日咨文,"去年教纂修辽、金、宋三代史书,即目辽、金史书纂修了有,如今将这史书,令江浙、江西二省开板"等语。是辽、金二史,必同时镌刻。然以此刊本与北平图书馆所藏初刻《金史》相较,字体绝异。刻工姓名亦无一相合,而与涵芬楼所补之五十五卷较,则字体相类,刻工姓名同者,亦有四十六人。是此决非初刻无疑。然遍观海内外所存《辽史》,只有此本。是否别有初刻,殊难言也。是本刊版粗率,讹字亦多,如"廷"之误"延","宫"之误"官","徙"之误"徒","萧"之误"箫"及"肃",几成通病。其他讹舛,亦指不胜屈。然究是最古之本,足以校正后出诸本者,犹自不少。《本纪》第十八,"重熙二年,即遣兴圣宫使耶律寿宁、给事中知制诰李奎充祭奠使"句,诸本均作"辽遣延昌宫使"。又"以耶律寔、高升、耶律迪、王惟允充两宫贺宋生辰使副"句,诸本于第一人均作"耶律楚"。余所见数本,是叶均极漫漶,疑明代重刻所据之本,此数字亦不可辨,故辄取他宫以实耶律寿宁所居之职,同时改"即"字为"辽"字。然《辽史》自称为辽，语气亦殊不合。至"寔"字则匡廓微存，故揣为形似之"楚"字，而不知亦非其人。又《志》第十六《百官志》二，《五国部》后，有"以上四十九节度为小部族"一行，南监本行格犹存，文字已佚。而北监及武英殿本，则并此空行去之。按上文，大部族小部族，两者并举。四大王府后有"已上四大王府为大部族"一语。总结上文，使四十九节度后无此一语，则文理为不完矣。又《志》第三十一《刑法志》下，"伶人张隋，本宋所遣汋者"，按《周礼·秋官》："掌士之八成，一曰邦汋。"郑氏注："斟汋盗取国家密事。"若今时刺探尚书事，张隋为宋遣至辽之间谍。"汋者"取义，盖本于此。明人覆刻，不加深究，竟认为残缺之"的"字，妄补数笔，而文义遂不可通。犹不止此，《本纪》第八，保宁三年"又以潜邸给使者为挞马部置官堂之"，"堂"必"掌"字之误，而诸本竟改为"主"字矣。《志》第三十一，"辽二百余年，骨肉屡相残灭"，"屡"字仅存半形，然细辨实非他字，而诸本又改为"自"字矣。《本纪》第十九，重熙十三年，"诏富者遣行余留屯疑天德军"，诸本"疑"作"田"。又第二十，重熙十九年，"敌鲁疑遣六院军将海里击败之"，诸本"疑"作"古"。又第二十一，重熙二十四年，"百僚上表固疑许之"，诸本"疑"作"请"。又第二十四，大安元年，"以枢密直学士杜公疑参知政事"，诸本"疑"作"谓"。《志》第二，行营"长城以南多疑多暑"，诸本"疑"作"雨"。隋契丹十部，"元魏疑莫勿贺勿于畏高丽、蠕蠕侵逼"，诸本"疑"作"末"。又第四，《兵卫志》上，"四年疑亲征渤海"，诸本"疑"作"又"。以上七"疑"字，殆镌板之时，原书本文俱已损佚，究为何字，不敢臆断，故著一"疑"字以代之。此在宋刊南、北诸史，多有其例。但彼则旁注小字，此则列入正文。后人疏忽，断为讹字。任意改窜，不知妄作,殊失阙疑之意矣。此在元刊,诚非精本,然求较胜者,竟不可得。瑕不掩瑜,故犹取焉。海盐张元济。

(百衲本《辽史》卷末,商务印书馆,1931年)

元刻本《金史》跋

此《金史》一百三十五卷,皆元刊本。其书法圆润者,为元代初刻,凡八十卷。其余字较瘦弱暨摹刻拙劣者,又黑阔口者,皆元覆本,凡五十五卷,用以补配。按武英殿本卷三十三,暨初版卷七十六,各阙一叶。卷五十六末,阙五行。又卷十四第十七叶,卷六十二第十九叶,卷六十六第七叶,卷一百一第六叶,卷一百二十五第四叶,各有阙文。此均完好无损。乌程施国祁《金史详校》,素号精审,上列各条悉据元本订补,独卷一百一第六叶一条,漏未之及。偶尔遗脱,亦未可知。然吾以为施氏所见元本,似犹在此数本之后。何以证之?施氏《例言》:"余先读南本,次校北本及诸本。又从吴门蒋槐堂借校元本,其间各本皆讹者,则曰'某字当作某'。"然卷二"遣宗斡止之"句,"斡"当作"幹",此正作"幹"。卷五"持杯校"句,当作"持杯珓",此正作"杯",惟"校"字仍误。卷七"付乌古里石垒部蓄收"句,"收"当作"牧",此正作"牧"。卷九"王尉为尚书右丞"句,"尉"当作"蔚",此正作"蔚"。卷十二"丙午诏策论进士"句,"丙"当作"戊",此正作"戊"。卷十三"清仓被兵民户"句,"仓"当作"沧",此正作"沧"。"流华满野"句,"华"当作"荸",此正作"荸"。"铩辖石古乃子"句,"铩"当作"钤",此正作"钤"。"张承旨家于本"

句,"于"当作"手",此正作"手"。卷十五"败夏人于质孤保"句,"保"当作"堡",此正作"堡"。卷二十一"益二百二十二"句,"二十"当作"三十",此正作"三十"。卷二十五"县一百八"句,"八"当作"五",此正作"五"。"斗山天齐渊"句,"斗"当作"牛",此正作"牛"。"颜袖店"句,"袖"当作"神",此正作"神"。卷二十六"浜德乌偷安边"句,"浜"当作"滨",此乃作"洪"。卷二十七"于被灾路分推排河耶"句,"河"当作"何",此正作"何"。"水势之溢"句,"之"当作"泛",此正作"泛"。卷二十八"第一等内官"句,"一"当作"二",此正作"二"。卷三十一"皇帝洗手讫"句,"洗"当作"帨",此正作"帨"。卷三十二"各奉册宝降币"句,"币"当作"辂",此正作"辂"。"各就西北褥位"句,"西"当作"面",此正作"面"。卷三十四"少稷于故处"句,"稷"当作"移",此正作"移"。卷三十七"舁册宝床臣以出"句,"臣"当作"匣",此正作"匣"。卷三十九"太吕宫昌宁之曲"句,"太"当作"大",此正作"大"。"太簸角再奏"句,"簸"当作"簇",此正作"蔟"。卷四十二"夹一人"句,"一"当作"二",此正作"二"。卷四十三"驾赤驷六"句,"驷"当作"骄",此正作"骄"。卷四十五"其六赏主"名,"赏"当作"偿",此正作"偿"。卷四十九"北京宗锦之未盐"句,"未"当作"末",此正作"末"。"岁获银三十六万一千五百贯"句,"银"当作"钱",此正作"钱"。卷五十七"毁旧主簿历"句,"主"当作"注",此正作"注"。卷五十八"诏随朝官承应人奉"句,"奉"当作"俸",此正作"俸"。"减修内司所後军夫之半"句,"後"当作"役",此正作"役"。卷六十"宿直将军温敦斡喝"句,"斡"当作"斡",此正作"斡"。卷六十一"并以兄晛丧求封"句,"丧"当作"病",此乃作"表"。卷六十六"父胡八曾"句,"曾"当作"鲁",此正作"鲁"。"以族改充司属司将军"句,"改"当作"次",此正作"次"。"其宽明大体"句,"大"当作"有",此正作"有"。"三国潘辅"句,"三"当作"王","潘"当作"藩",此正作"王"、"藩"。卷六十九"留守师"句,"守"当作"京",此正作"京"。"将兵往东京"句,"东"当作"南",此正作"南"。卷七十"破辽师千万于鸭子河"句,"千"当作"十",此正作"十"。"从都统杲取中原"句,"原"当作"京",此正作"京"。"各随所受地主"句,"主"当作"土",此正作"土"。卷七十一"斡鲁征伐之"句,"征"当作"往",此正作"往"。卷七十三"卿等尚未信也"句,"信"当作"仕",此正作"仕"。"后张汝弼妻高陀韩狱起"句,"韩"当作"斡",此正作"斡"。卷七十四"其四月七日两书"句,"日"当作"月",此正作"月"。"奔时那野赛刺台实连破宋援兵"句,"时"当作"睹",此正作"睹"。卷七十五"遣谋克辛斡持刺"句,"持"当作"特",此正作"特"。卷七十六"宗磐与斡鲁、宗翰、宗斡鲁为之副"句,下"鲁"字当作"皆",此正作"皆"。"本名斡本"句,"斡"当作"斡",此正作"斡"。卷七十七"诏宗弼为太子"句,"子"当作"保",此正作"保"。卷八十九"祈州刺史斜哥"句,"祈"当作"祁",此正作"祁"。"移剌因修《辽史》"句,"因"当作"固",此正作"固"。卷九十"十年改中都路都转运使"句,"十"当作"七",此正作"七"。卷九十六"坐致宋敝"句,"敝"当作"币",此正作"币"字。"叔和"句,当作"和叔",此正作"和叔"。卷九十八"乌古孙乃屯"句,"乃"当作"兀",此正作"兀"。卷一百一"当不衍于旌赏"句,"衍"当作"愆",此正作"愆"。卷一百三"进攻西和洲"句,"洲"当作"州",此正作"州"。卷一百四"遥授彰德军节度使"句,"德"当作"国",此正作"国"。卷一百八"二年十一月出为彰化军节度使"句,"二"当作

"三",此正作"三"。"以遗众讬安石"句,"众"当作"表",此正作"表"。卷一百十三"合喜及杨幹烈等"句,"幹"当作"斡",此正作"斡"。卷一百十四"华附奏人耕稼已废"句,"人"当作"今",此正作"今"。卷一百十九"因出入长大主家"句,"长大"当作"大长",此正作"大长"。卷一百二十一"使省檄"句,"使"当作"被",此正作"被"。卷一百二十三"本属唐和迪剌部族"句,"和"当作"括",此正作"括"。"兰州极陈僧等"句,"极"当作"程",此正作"程"。卷一百二十六"召为官教"句,"官"当作"宫",此正作"宫"。"大定三年"句,"定"当作"安",此正作"安"。"及知尝师九畴"句,"及"当作"乃",此正作"乃"。卷一百二十九"以手剑厘其口"句,"厘"当作"劙",此正作"劙"。卷一百三十二"世家声其罪"句,"家"当作"宗",此正作"宗"。卷一百三十四"暴洰以环州降"句,"暴洰"当作"慕洰",此正作"慕洰"。"遣人伐将"句,"伐"当作"代",此正作"代"。卷一百三十五"此与先文国王之书"句,"文"当作"父",此正作"父"。又《例言》各本互讹者,以南本为主,则曰:"某字元作某,是;北作某,是。"或云:"某字元作某,非;北作某,非。"然卷十六"西面节度使把古咬住"句,"元作'西西',亦讹",此乃作"平西"。卷三十一"后恐大丰"句,"元作'复恐大丰',是",此乃作"复恐太丰"。卷四十三"大圭长以尺壹寸"句,"元作'长尺一寸',元'以'字,是",此乃作"长尺二寸"。卷四十四"彼方之人"句,"'彼'元作'被',非",此却作"彼",不作"被"。卷五十一"遂加以五品以上官"句,"'五'元作'王',非",此并不作"王",乃作"三"。板木微损,而"五"字笔势尚存。卷六十五"获甲矢万余"句,"'矢'元作'午',非",此并不作"午",乃作"二"。卷七十"习室攉锋力战"句,"'攉'元作

'惟',非",此并不作"惟",乃作"推"。卷七十四"文召敲仙诘问"句,"'召'元作'名',非",此却作"召",不作"名"。又"'文'当作'闻','闻'下当加'之'字",此却作"闻",惟无"之"字。卷七十五"进官汝州防御使"句,"'汝'元作'女',非",此并不作"女",乃作"安"。卷八十二"本欲杀汝"句,"'杀'元作'授',非",此却作"杀",不作"授"。卷八十八"顷之世宗曰"句,"'顷'元作'须',非",此却作"顷",不作"须"。"上曰箠楚之下"句,"'上'元作'二',非",此却作"上",不作"二"。卷九十"拟彦潜、大荣皆进士第一"句,"'大'元作'天',非",此却作"大",不作"天"。卷九十七"有治剧材"句,"'材'元作'林',非",此却作"材",不作"林"。卷一百一"足以取给"句,"'给'元作'络',非",此却作"给",不作"络"。"顷之完颜匡军次白虎粒"句,"'顷'元作'须',非",此却作"顷",不作"须"。又《例言》,各本俱脱者,则曰"当加某字"。然卷五十六"率捧案擎"句,"此下当加'执'",此原有"执"字。又《例言》,各本俱衍者,则曰"某字当削"。然卷七十"札八诈称降"句,"'称'字当削",此原无"称"字,卷八十四"与习泥烈僧行"句,"'僧'字当削",此原不作"僧",乃作"偕"。由此观之,是施氏所见吴门蒋氏元本,微特非原刊原印,抑亦非补覆本矣。书经翻刻,必多错误。卷一百三十二《乌带传》,诸本皆以"言本名"三字缀于上《唐括辩传》尾,而以"乌带"二字提行。钱大昕《廿二史考异》讥为可笑之甚。然若不见元刊初印本,实不知其致误之由。元本每行二十二字,《乌带传》第一行乃二十六字,第二行乃二十五字,均显有剜改痕迹。是必刊刻之时,误以此传与上《唐括辩传》连缀为一。嗣觉其误,乃剜改提行。而剜改之时,又误将"言本名"三字留于上行,其下适空七字,与本传第一、二行所增字数相合。覆本已无剜改之迹。然行字独增,亦尚可追其致误之由。若南、北监本及殿本,则行字均已改成一律,遂泯然无缝矣。虽元本讹字,经后来诸本校正者不少,然新旧相较,诸本与元本终不可以同日语。而元初刻本又远胜于覆本,初覆本又远胜于他覆本。诸本之误,除上文所指外,可据是本以订正而为施氏所未见者,尚复盈千累百,殆难枚举。昔人言书贵初刻,岂不信欤!海盐张元济。

(百衲本《金史》卷末,商务印书馆,1931年)

明洪武刻本《元史》跋

宋濂《后记》:"洪武元年十二月诏修《元史》,明年春二月丙寅开局,至秋八月癸酉,成《纪》三十有七卷,《志》五十有三卷,《表》六卷,《传》六十有三卷。顺帝无《实录》,遣使行天下,涉于史事者,令郡县上之。又明年春二月乙丑开局,至秋七月丁亥,又成《纪》十,《志》五,《表》二,《传》三十有六。"钱大昕谓:"综前后廑三百三十一日,古今史成之速,未有如《元史》者;而文之陋劣,亦无有如《元史》者",非虚言也。其重复、脱漏、讹舛,不可胜计。钱氏而外,顾亭林、朱竹垞、赵瓯北、汪龙庄、魏默深诸人均各有所指摘。然使旧本尚存,读者可以就其疵颣所在,加以探索,犹不至迷于所向。不谓覆刻通行之本,愈趋愈下。今武英殿本《文宗纪》上谥祔庙后,"诏除其庙主,放燕"句下,复出《顺帝纪》后至元六月放逐燕帖古思诏书中语:"遐之后,祖母太皇太后"至"揆之大义",削去凡四百字。

又《历志》错简三叶,纪三国以来日食,其文未毕,忽杂入前代月食之文。南朝刘宋元嘉十一年后,继以赵宋嘉泰二年;元至元十四年后,继以梁中大通元年;庆元元年下叠见"授时历"一行。刘宋元嘉十三年"十二月己巳望食,一更三唱食既"下,因有所阙,于是加"授时历"三字以弥之。而下行又接"大明历,亏初午初二刻"云云。并日月食为一事。如此乖谬,何以绝未发觉?又《祭祀志·摄祀仪》四曰迎香,"献官、司徒、大礼使、助奠官"句下,脱"从于舆后,至庙,入自南门,至神门外,百官仪卫皆止。太常卿、博士、御史导舆,三献、司徒、大礼使、助奠爵官"四十字。又《兵志·镇戍类》,泰定四年十二月,河南行省议设万户府,"摘军五千名"句下,脱"设万户府随省镇遏,枢密院议自至元十九年"十八字。又《达识帖睦迩传》,"张士信逼取江浙行省左丞相符印,徙达识帖睦迩"句下,脱"居嘉兴,事闻朝廷,即就以士信为江浙行省左丞相,达识帖睦迩"二十五字。其他一二字之讹夺,尤难悉举。岂非于原有重复、脱漏、讹舛之外,更重其弊,而使读者愈益眩瞀乎!不宁惟是,乾隆四年,武英殿版既已刊行,至四十六年,高宗以原书译名舛误,复命馆臣详加厘定,取原用之人名、地名、官名、物名,一一改正。此于书后附一对表,自可了然。乃不此之务,而就原书剜刻。有时所改之名,不能适如原用字数,于是取上下文而损益之。灭裂支离,全失本相。余尝得一部,坊肆以原改两本配合者,新旧杂糅,几于不可卒读。乾隆之世,号称太平,物力丰盛,何以不重刊新版,而为此苟且塞责之为?甚矣,其不可解也!《元史·列传》复出,为前人所纠者,凡十有八篇。或为本人,或为其附见之父若祖、子若孙,乾隆剜改之版,去其一而留其一者凡五:去雪不台(见《列传》卷第九),留速不台（见《列传》卷第八），改曰苏布特。去忽剌出（见《列传》第二十），留直脱儿（见《列传》第十），改曰齐都尔。去重喜（见《列传》第二十），留塔不已儿（见《列传》第十），改曰塔本哲尔。去完者拔都（见《列传》第二十），留完者都（见《列传》第十八），改曰谔勒哲图。去阿答赤（见《列传》第二十二），留杭忽思（见《列传》第十九），改曰哈噶斯。而任其重出者凡八：曰阿术鲁（见《列传》第十），改曰额斯伦。又其子曰怀都（见《列传》第十八），改曰辉图。曰也蒲甘卜（见《列传》第十），改曰额卜甘布。又其子曰昂吉儿（见《列传》第十九），改曰昂吉尔。曰石抹也先（见《列传》第三十七），改曰舒穆噜额森，又同为一人曰石抹阿辛（见《列传》第三十九），改曰舒穆噜爱新。曰谭资荣（见《列传》第五十四），又其子曰谭澄（见《列传》第七十八）。昔人著书，后人取而删订之，原无不可。乃同一重见之文，而或弃或取，漫无意识，秉笔者其将何以自解乎？然此犹可诿曰偶疏觉察；洪武书成，明明分为两期，乃削去宋濂《后记》，而又臆改李善长《进书表》，取《纪》、《志》、《表》、《传》前后所成卷数，并而为一，一若同时修成也者。又泰定帝《即位诏书》，原为译文口语，而修正之本，尽易为文言，是诚不得不谓为好自用自专矣。吾敢为读者告曰：此洪武本复出，而乾隆修正之本可废，即武英殿初刊之本，亦可废。海盐张元济。

（百衲本《元史》卷末，商务印书馆，1935年）

清乾隆武英殿刻本《明史》跋

是史经始于康熙十八年，成于雍正末年高宗继位之后。武英殿刊刻至乾隆四年竣工,此为第一官板。今即据以影印,亦世间通行本也。乾隆四十年,高宗以元时人、地名对音讹舛,译字鄙俚,谕令改订,并就原板扣算字数刊正。越二年,馆臣签改进呈,高宗又以《本纪》所载事实,每涉疏略,特派大臣考核添修,并有"亲阅鉴定,重刊颁行"之语。其后刊成《本纪》二十四卷,坊肆从未之见。闻故宫博物院检获刊本,亟思假印。维时掌院事者,夙未相识,匄人往请,坚不之许。其后院自印行,取校初板,其蒙古人地名、汗号、官职均已改译。增补字句,每卷溢出数行,乃至数十行,然多有仅涉文辞,而于史事全无出入者。此不过受命诸臣,奉有事实疏略之谕,勉为敷饰,藉塞其责。余特不解高宗之意,何以拳拳于《本纪》,而《志》、《表》、《列传》绝之及,滋可异也。余所见者,皆乾隆四年刊本,询之友人,凡四十年后就原板刊正者,亦未寓目。《本纪》既已重刊,何以未见颁行?《志》、《表》、《列传》既已剜改,何以亦未摹印?余颇疑《本纪》改刊,其他亦待覆刻。嗣以高宗倦勤,境过情迁,不加督责,事遂中废。按仁和邵懿辰《四库简明目录标注》,《明史》下注亦言:"在方略馆见乾隆末年改定之本,惜已不全。仅《列传》百数十卷,中多签改翻译人名、地名,亦间引他书签改本文,似乎未曾改刊"云云。是《志》、《表》、《列传》固未重刊,而亦未尝剜改也。殿本诸史均有考证,《明史》系出钦定,臣下不敢有所评骘,故独阙如。逮高宗一再指摘,而受命考核诸臣,乃敢为之。长洲王蒂卿丈,光绪中入值军机处,于方略馆获见进呈本初刊样本。正本暨当日总裁阅定纂修稿本,均有残缺,辑成四十二卷,然又祇有《列传》,而无《纪》、《志》、《表》。哲嗣君九,克成先志,复就文津阁四库写本校对,证为完书。且增辑三十余条,以补其尊人所据原本之阙，付嘉业堂刘氏刊行。今以附印殿本之后。读是史者，当有取也。曩闻友人预修《清史》者言，属稿之始，检核《明史》，其事其文，不少讹误。今明代《实录》具存，嘉隆以后被禁之书，先后复出，安得尽取诸书及明人著述之有涉史事者，一一参校而勘正之。其成绩必有出重刊《本纪》之上者。兹事体大，匪余迟暮所可企及，不能不有望于后贤已！海盐张元济。

（百衲本《明史》卷末，商务印书馆，1936年）

图书在版编目(CIP)数据

校史随笔/张元济著. —上海：复旦大学出版社，2024.9
（文献学基本丛书／吴格主编. 第一辑）
ISBN 978-7-309-17145-7

Ⅰ.①校… Ⅱ.①张… Ⅲ.①二十四史-校勘 Ⅳ.①K204.1

中国国家版本馆 CIP 数据核字（2023）第 247796 号

校史随笔

张元济 著
责任编辑／杜怡顺

复旦大学出版社有限公司出版发行
上海市国权路 579 号 邮编：200433
网址：fupnet@fudanpress.com http://www.fudanpress.com
门市零售：86-21-65102580 团体订购：86-21-65104505
出版部电话：86-21-65642845
上海盛通时代印刷有限公司

开本 890 毫米×1240 毫米 1/32 印张 8 字数 172 千字
2024 年 9 月第 1 版
2024 年 9 月第 1 版第 1 次印刷

ISBN 978-7-309-17145-7/K·825
定价：40.00 元

如有印装质量问题，请向复旦大学出版社有限公司出版部调换。
版权所有 侵权必究